国家出版基金项目
NATIONAL PUBLICATION FOUNDATION

上海三联人文经典书库

91

# 基督教伦理学导论

[德] 弗里德里希·施莱尔马赫 著

刘 平 译

# INTRODUCTION
# TO
# CHRISTIAN ETHICS

上海三联书店

"十三五"国家重点图书出版规划项目

国家出版基金资助项目

# 总　序

## 陈　恒

　　自百余年前中国学术开始现代转型以来，我国人文社会科学研究历经几代学者不懈努力已取得了可观成就。学术翻译在其中功不可没，严复的开创之功自不必多说，民国时期译介的西方学术著作更大大促进了汉语学术的发展，有助于我国学人开眼看世界，知外域除坚船利器外尚有学问典章可资引进。20 世纪 80 年代以来，中国学术界又开始了一轮至今势头不衰的引介国外学术著作之浪潮，这对中国知识界学术思想的积累和发展乃至对中国社会进步所起到的推动作用，可谓有目共睹。新一轮西学东渐的同时，中国学者在某些领域也进行了开创性研究，出版了不少重要的论著，发表了不少有价值的论文。借此如株苗之嫁接，已生成糅合东西学术精义的果实。我们有充分的理由企盼着，既有着自身深厚的民族传统为根基、呈现出鲜明的本土问题意识，又吸纳了国际学术界多方面成果的学术研究，将会日益滋长繁荣起来。

　　值得注意的是，20 世纪 80 年代以降，西方学术界自身的转型也越来越改变了其传统的学术形态和研究方法，学术史、科学史、考古史、宗教史、性别史、哲学史、艺术史、人类学、语言学、社会学、民俗学等学科的研究日益繁荣。研究方法、手段、内容日新月异，这些领域的变化在很大程度上改变了整个人文社会科学的面貌，也极大地影响了近年来中国学术界的学术取向。不同学科的学者出于深化各自专业研究的需要，对其他学科知识的渴求也越来越迫切，以求能开阔视野、迸发出学术灵感、思想火花。近年来，我们与国外学术界的交往日渐增强，合格的学术翻译队伍也日益扩大，同时我们也深信，学术垃圾的泛滥只是当今学术生产面相之一隅，高质量、原创作的学术著作也在当今的学术中坚和默坐书斋的读书种子中不断产生。然囿于种种原因，人文社会科学各学科的发展并不平衡,学术出版方面也有畸轻畸重的情形(比如国内还鲜有把国人在海外获得博士学位的优秀论文系统地引介到学术界)。

有鉴于此,我们计划组织出版"上海三联人文经典书库",将从译介西学成果、推出原创精品、整理已有典籍三方面展开。译介西学成果拟从西方近现代经典(自文艺复兴以来,但以二战前后的西学著作为主)、西方古代经典(文艺复兴前的西方原典)两方面着手;原创精品取"汉语思想系列"为范畴,不断向学术界推出汉语世界精品力作;整理已有典籍则以民国时期的翻译著作为主。现阶段我们拟从历史、考古、宗教、哲学、艺术等领域着手,在上述三个方面对学术宝库进行挖掘,从而为人文社会科学的发展作出一些贡献,以求为21世纪中国的学术大厦添一砖一瓦。

# 目　录

1

# 英译者的致谢

首先要感谢我在范德比尔特大学(Vanderbilt University)求学时的恩师彼得·霍奇森(Peter Hodgson)和杰克·福斯曼(Jack Forstman)。他们激励我对施莱尔马赫(Friedrich Schleiermacher, 1768－1834)生发兴趣，鼓励我努力从事翻译工作。正是在后一位恩师于1971年开设的施莱尔马赫研讨班上，我提交了一篇关于"基督教伦理学"的论文，采用约纳斯版(Jonas Edition)的《基督教伦理学》，初步翻译了大约60页。这项译事还要感谢一起参加研讨班的同窗。大约在1979年，我申请到美国人文学科捐赠基金(National Endowment for the Humanities)的暑期津贴，在此帮助下，我重拾这个计划，但是直到1988年，再次将这个计划束之高阁，原因是原先在阿冰敦出版社(Abingdon Press)工作的戴维斯·柏金斯(Davis Perkins)要求我根据新的培特版(Peiter Edition)翻译。他是一位最富有耐心、最善解人意的编辑，对这项译事作了大量的贡献。我还要致谢富尔曼大学社团(Furman University Community)的几位会友。约翰·克兰柏特里(John Crabtree)是校学术事务委员会的副主席和主任，于1988年秋季学期安排我减少教学负担。我在宗教学系的同事阿尔伯特·布兰克维尔(Albert Blackwell)比我更贴切地理解了施莱尔马赫，提供了大量的真知灼见。德语系的褚简(Jane Chew)和诺曼·维斯兰特(Norman Whisnant)在译解施莱尔马赫冗长的行文上提供了至关重要的帮助。奎康妮(Connie Quillen)的文秘工作能力出众，作出了实质性的贡献。

最后我特别感谢爱妻安妮(Anne)和两个犬子马克(Mark)和大

卫(David)。他们三个人对我的工作兴趣颇浓,以他们自己的方式鼓励我,并从一个恰当的视角帮助我坚持这项学术研究。

约翰·C. 雪莱(John C. Shelly)

富尔曼大学

1989 年 3 月 1 日

# 英译者的笔记

　　施莱尔马赫的著作让现代译者面对大量几乎难以超越的难题。句法令人难以置信地复杂,甚至时常连以德语为母语的人都感到迷惑,各种各样差别细微的关键术语几乎难以在英语中找到对应词。手头上的这本书中,最明显的困难涉及到两个德语单词 *Glaubenslehre* 和 *Sittenlehre*,我分别将之翻译为"神学"和"伦理学"。确实,像"信仰指导"(faith-instruction)以及"道德指导"(moral-instruction)一类的复合词在技术上可能要更加精确些,可以更好地保留这两个学科平行的特征,但是,目前所使用的"神学"和"伦理学"似乎指出并明确地确定了施莱尔马赫心目中的两个学科,尽管含义过于宽泛和不固定,但是足以显示出施莱尔马赫自己独特的理解。另外,这些术语确实提升了该书的可读性。

　　德语单词 *Wissenschaft* 和 *Wissenschaftlich* 一般相应地翻译为"科学"和"科学的",但是,在现代英语中,这些术语几乎完全等同于自然科学,指的是客观经验的研究和数学模式。因此,在此我用"概念上严格的"这样的词来指明,对于施莱尔马赫来说,神学和伦理学是"科学的",不是因为它们委身于客观经验的研究和数学模式,而是因为它们没有思辨性,但是具备理性上的一致性、批判性的反思以及逻辑上的秩序。德语术语 *Geist*(英译为"Spirit"或"spirit")提出了一个尤为特别的难题:什么时候"spirit"的首写字母可以大写?施莱尔马赫使用这个德语词既指圣灵(Holy Spirit),也指确定特定的历史共同体的"共同精神"(common spirit)或品质。当施莱尔马赫肯定某一特定教会中的"精神"(spirit)在某种意义上是以经验的方式显现圣灵的时候，将该词与基督教联系在一起，这个难题就出现了。虽然新教和天主教都是圣灵的显现，但是，它们的"共同精神"在根本上是不同的。只有当该词似乎指抽象的圣灵，而与它在特殊的共同体中的历史显现无关的时候，我们才将这个词的首写字母大写。①

出于明显的原因，我使用"新教"（Protestant）翻译 *evangelische*。德语单词 *Handeln*、*Handlung* 和 *Tatigkeit* 非常一致地译为"行为"（behavior）、"行动"（action）和"活动"（activity）。我将 *Lust* 和 *Unlust* 分别译为"快乐"（pleasure）和"痛苦"（pain），有些则犹豫不定。显而易见，我们不可以从功利主义角度来理解它们。施莱尔马赫所描述的各种行为——*darstellende*（英译为"self-expressive"，自我表达的），*wirksamen*（英译为"efficacious"，有效的），*correctiv*（英译为"corrective"，矫正的），*verbreitend*（英译为"disseminating"，播散的）——使用了普通术语。我一开始倾向于用特殊词汇来翻译这四个术语，但是，我最后决定采用普通的形容词，除了 *verbreitend*，我将之译为"disseminating"，似乎比"diffusive"（散布性的）、"propagative"（传播的）、"expansive"（扩张的）要好。重要的一点是，施莱尔马赫将他自己独特的意思注入这些术语之中。

---

① 参阅弗里德里希·施莱尔马赫的《基督教信仰》（*Christian Faith*），H. R. Mackintosh 和 J. S. Stewart 翻译，采用版本为德文第二版（Edingburgh：T. & T. Clark，1928 年），第 535 页："在上述之后，表达式'圣灵'必须被理解为作为道德人格的基督徒团契中有生命力的合一；此外，拒绝所有属于严格意义上的律法的东西，我们则可以用短语共同精神来指称之。"

# 第一章　英译者导言

## 《基督教伦理学》的思想背景

在针对"有文化的宗教蔑视者"①的著名演讲集中，弗里德里希·施莱尔马赫宣称，宗教的本质既非神学，亦非伦理学。这一观点大胆地挑战了占据主导地位的宗教思想，但需要合理的解释，施莱尔马赫感到有责任解释如下两个方面的关系：宗教和教义学，以及宗教和道德。《基督教信仰》（*Christian Faith*）②实现了第一个任务，在此，施莱尔马赫成为彻底地重新理解基督教神学之本质和基础的先驱。因为施莱尔马赫没有实现他的梦想，即出版相应的姊妹篇《基督教伦理学》（*Christian Ethics*），所以第二个任务从来没有完成过。施莱尔马赫在 1806－1831 年曾就基督教伦理学发表过十

---

① 弗里德里希·施莱尔马赫：《论宗教：对有文化的宗教蔑视者的讲演》（*On Religion：Speeches to Its Cultured Despisers*），约翰·奥曼（John Oman）翻译（New York：Harper & Row，1958 年）。［中文译本参阅士来马赫：《宗教与敬虔》，谢扶雅译，香港：基督教文艺出版社，1991 年第 2 版。根据该英文翻译，为全译本。第 23－287 页。另有从德文翻译的中译本：施莱尔马赫：《论宗教》，邓安庆译，北京：人民出版社，2011 年；香港：道风书社，2009 年。——译者］

② 弗里德里希·施莱尔马赫：《基督教信仰》（*Christian Faith*），H. R. 麦克金图奇（H. R. MacKintosh）和 J. S. 司徒尔特（J. S. Stewart）译自德文第二版（Edinburgh：T. & T. Clark，1928 年）。［中文译本参阅士来马赫：《宗教与敬虔》，谢扶雅译，香港：基督教文艺出版社，1991 年第 2 版。第 289－460 页。此为选译本。——译者］

二次讲演,这一事实可以表明他的确对这一主题感兴趣。这些讲演的笔墨遗物——一些施莱尔马赫自己撰写的手稿以及约12位弟子手抄的演讲笔记——给我们提供了他有关这一主题的所思所想。

在施莱尔马赫准备和修改关于"基督教伦理学"的讲演中,他直接和间接地回应了各种思想潮流和宗教潮流。文艺复兴和宗教改革运动已经以激进的方式挑战了构成托马斯·阿奎纳③以及其他中世纪思想家们的道德思想基础的信仰和理性之间的综合关系。楔子已经在信仰和理性之间扎下了,这激起人们就道德的根本基础发生了一场敌意性的争论。如下这些问题并不新颖,但是它们的确重新变得非常急迫。道德的最终来源是什么?"正当"和"错误"、"好"和"坏"的标准来源于何处?道德仅仅依赖于神的命令?理性可以为界定"正当"和"好"提供标准?道德仅仅是由权力来决定,"强权就是正当的"?道德纯粹属于个人事务,源自于每个人的欲望和恐惧?道德发轫于体现在个人所在的共同体的目标和目的?当施莱尔马赫寻求既保持新教神学家的立场,同时又在启蒙运动的批判精神之内工作的时候,他承接的是令人难以置信的复杂处境。

### 宗教改革传统

加尔文④明显比路德⑤更加欣赏理性,但是这两位宗教改革家都追随奥卡姆⑥,放弃对自然法的诉求,拒绝为道德提供任何理性的解释。路德在《教会的巴比伦之囚》(*The Babylonian Captivity of the Church*)中对亚理士多德抱有敌意,主张"理性是娼妓",这表

---

③ 托马斯·阿奎纳(Thomas Aquinas, 1226—1274 年):中世纪意大利神学家和经院哲学家。——译者

④ 加尔文(Jean Calvin, 1509—1564 年):16 世纪欧洲宗教改革家,基督教新教加尔文宗创始人。——译者

⑤ 路德(Martin Luther, 1483—1546 年):16 世纪欧洲宗教改革家,基督教新教路德宗创始人。——译者

⑥ 奥卡姆(William of Occam, 约 1285 — 1349 年):中世纪经院哲学家、神学家。——译者

明了他所采取的行动方向。道德严格地以神的命令为基础,既不需要也不允许任何外在的解释。事实上,提供理性辩护的种种做法属于"因着事工称义"的一种形式,从而违背了惟独因信称义的原则。一个行动之所以是"好"或"正当"的,仅仅是因为神作出命令而为之,而非因为行动自身的内在特征,亦非因为以经验观察或逻辑推论为基础的人类本性论或社会善良论。

在路德和加尔文看来,这种客观、超验的道德准则是受到对恩典和宽恕的主观经验的调和与限制的。因信称义意味着放弃所有自义(self-righteousness)[7]的努力。它带来两个必然结果,即"免于律法的束缚"以及"信徒皆祭司",将强调服从律法从基督徒经验之中去除掉。新的支配权,而非律法,成为基督徒生活中的道德焦点。正如路德指出的:"善功并不使人成为一个义人;但是,一个义人会做善功。"[8]信徒为人处事既非出于恐惧,或需要证明自己配得上恩典,而是出于爱和感恩。的确,信徒既被拯救,同时也是一位罪人,但是道德焦点已经决定性地从神或教会之客观命令转向人之内心转变。

但是,这并不意味着我们可以直接从人类经验中,甚至从因信称义的经验中,洞悉出神的旨意。像教理一样,道德与惟独圣经(*sola scriptura*)原则联系在一起,加尔文将圣经比作让我们更加清楚地观看事物的眼镜。但是,信徒皆祭司以及尊重个人良知的教理再次限制了可以在圣经中寻觅到的道德的客观性。但是,新教正统派强化了如下观点,即神的启示在本质上是话语,圣经可以理解为神直接以话语与人类沟通。信仰与其说与生存上的信靠态度相一致,不如说与思想上赞同神启示出的教条相一致。同样,神的

---

⑦ 指通过遵守律法或行善来称义,圣经中的事例参阅《路加福音》第18章中法利赛人(自义的代表)和税吏(因信称义的代表)的对比。——译者

⑧ 马丁·路德:《论基督徒自由》(*Christian Liberty*),W. A. 兰贝特(W. A. Lambert)译,哈罗德·J. 格里姆(Harold J. Grimm)修订(Philadelphia:Fortress Press,1957年),第24页。[中译本参见马丁·路德:《基督徒的自由》,和士谦、陈建勋译,香港:道声出版社,1992年。——译者]

命令明确地与各种圣经戒律相一致——例如摩西十诫、箴言、登山宝训以及保罗和其他人的道德训诲。神借着圣经和宣告直接跟人说话,因此人直面服从或悖逆的选择。在这种模式之下,基督教伦理学仅仅是汇编、澄清和协调各种圣经戒律。

非常明显,施莱尔马赫认为19世纪早期的新教正统派是一种退化的新教,他坚定地拒绝这种新教的两个主张:道德采取律法的形式,基督教道德的内容可以在罗列圣经诚命的清单中找到。但是,他将他的反对意见建立在其他宗教改革原则,特别是因信称义及其两个必然结果("免于律法的束缚"和"信徒皆祭司")之上。因此,在《基督教伦理学》中,继路德解释保罗之后,施莱尔马赫宣称基督教伦理学在根本上是一种描述性学科。他所说的含义是,建立在保罗的主张"免于律法的束缚"之上的基督教伦理学拒绝将命令作为伦理命题的基本形式。更恰当地说,基督教伦理学要适当地关注陈述(indicative),也就是说,关注描述基督徒生活之独特特征。即使描述并不精确地作出命令或规定,但是它属于规范。施莱尔马赫继续坚持惟独圣经的原则,但是,在他看来,圣经不是客观启示的道德规条的来源。确切地说,它是一本告知基督徒良知,因此有助于塑造基督徒的行动冲动的书。被圣经告知良知的个体最后在道德上由他或她自己作出判断。

### 启蒙运动

如果说宗教改革运动将道德定位于神启示的命令,那么启蒙运动则追求将道德建立在理性基础之上。因此,约翰·洛克⑨诉诸自明的理性真理,将之作为他的人类权利(生命、自由、健康和财产的权利)论的基础。在启蒙运动之初,理性被视为启示的补充,反之亦然,但是,理性逐渐地与启示平起平坐,最后完全取而代之。理性伦理学主要吸引人之处在于它伸张普遍性。因为人们假设人人皆具备相同的理性,所以,有些人确信理性可以为统一所有人的普遍伦

---

⑨ 约翰·洛克(John Locke,1632—1704):英国经验主义哲学家。——译者

理学提供基础。宗教将人分化，可以将他们统一起来的理性伦理学就是希望之所在。因此，理性自身可以提供裁判正误的尺度以及激发道德行动的动力。在这种氛围之下，整个"基督教"伦理学的思想彻底受到质疑。当理性提出它自身的主张具有普遍约束力的时候，谈论"基督教"伦理学有何意义？如果理性的确就是规范的源泉和行动的冲动，那么审查官——"基督教"——就的的确确是多余的了。

　　在将道德与人类理性相结合的运动中，巨擘康德（Immanuel Kant，1724－1804 年）以吊诡的方式完成和废除了这场运动，他为理解施莱尔马赫的基督教伦理学提供了特别有用的衬托。康德的知识论在《纯粹理性批判》（*The Critique of Pure Reason*，1781 年）中得到最全面的发展。恰当地说，他将认识限定在现象界，也就是说，限定在可以通过我们的感觉认识的自然或感性世界中。认识的范畴——例如原因和结果、时间和空间观念——是我们借以解释自然世界的工具，实际上是组织感官经验的心灵结构，因此可以将纯粹的感觉转变为真正的认识。因为现象界与各种法则严格地联系在一起，康德将之界定为必然王国，即无自由的世界。对于传统的宗教思想来说，这种认识论的微言大义的确是非常激进的。一方面，它指出，确切地说，不存在对超感觉实在的认识。这就以激进的方式瓦解了传统基督教神学的形而上学主张。像在新教正统派那里一样，理性和启示被广泛地认为可以带来对神的认识，包括认识神的旨意。

　　但是，另一方面，人类经验并不被局限于认识自然、现象界，还存在着一个本体界，一个内在世界，一个直接经验的世界。正是在这种直接经验世界之中，康德确定了道德的来源。他称之为"实践理性"，因此，将之区别于认识自然世界的"纯粹理性"。正是实践理性使人类掌握内心的道德法则。在康德看来，道德法则在严格的意义上是"解除本体论的"（deontological）——也就是说，仅仅根据行动自身的特征来界定一个行动是"正当"还是"错误"的，而不考虑各种结果。例如，康德大胆地认为，讲真话总是正当的，说谎总是错误的，而不管每个行动的结果会如何。

　　但是，就道德行为者来说，行动自身的特征并不足以建立行为者的道德。行动的动机对康德来说也至关重要。从根本上说，对应于两种命令，即假言命令和绝对命令，存在着两种动机。一方面，假言命令是目的论或推断论（consequentialist）意义上的命令，采取的形式是："如果你渴望得到这个东西，那么就去做吧！"假言命令源于一个人的各种禀赋，即我们出于生物、社会或心理上的因素偏向于某种方向。这些禀赋受到现象界的决定、塑造和限制，因此具有决定论特征。

　　另一方面，绝对命令仅仅以义务观为基础。一个人仅仅根据义务来行动，而不考虑结果。一个人采取正当的行为仅仅是因为他倾向于那样去做，因此，从中"享乐"就不是道德的行为。只有当一个人出于义务采取行动，一个行为才是真正合乎道德的。例如，如果我讲真话仅仅是因为我认识到讲真话会给我带来特别的赞誉，那么，我的行动就不道德，哪怕我已经做了"正当的"事情。

　　因此，康德勾画的人悬置在禀赋和义务这两个极点之间。禀赋属于现象界、必然王国，当它顺应欲望的时候，它时常往与绝对命令相反的方向拖拉。但是，康德设定——的确需要——自由观念，在此行为者一直能够选择义务而非禀赋。因此，正如神和灵魂不朽一样，自由也成为实践理性的公设。

　　施莱尔马赫赞同康德对纯粹理性的批判，恰当地说，赞同将认识限定在现象界，但是，他完全不赞成康德对道德行为者的描述。施莱尔马赫在反思宗教改革遗产以及批判性地利用虔敬派⑩和浪

---

⑩　虔敬派（Pietists）：基督教新教派别之一。17世纪70年代后，该派曾在德国新教中盛极一时；18世纪30年代后，逐渐成为少数狂热者的社团。初期举行的小组会自称"虔敬团契"，故名。认为宗教的要点不在于持守死板的信条形式和制度，而在于日常生活中表现出"虔诚实践"；主张内在体验和宗教奉献精神；提倡精读圣经，反对跳舞、看戏等"世俗化娱乐"；主张路德宗应作两大改革：讲道的重点不应放在教义上而应放在道德上，只有在生活上作虔诚表率的人才可担任路德宗的牧师。主要领袖有斯彭内尔（Philipp Jakob Spener，1635—1705年）和佛兰克（August Hermann Francke，1663—1727年）等。1675年，斯彭（转下页）

漫主义⑪之后，抵制康德在本质上属于二元主义的人性论，即在理性和自然、本体界和现象界之间划定一道绝对的界限。施莱尔马赫有志于形成更加辩证的自我模式，据此理性和自然总是共同存在的，彼此互为条件。因此，在我们的道德选择上禀赋发挥着主要作用。由此可以推论出，我的道德责任不仅包括我当下做出的特殊选择，而且包括形成生活模式；这种模式以我"更加倾向于"正当行事的方式塑造我的禀赋。因此，道德生活被认为是一个过程，它应当沿着将我的禀赋愈加受制于理性的方向运动，或者借用新约的话说，道德生活就是让肉身与圣灵和谐一致。

## 施莱尔马赫体系中的《基督教伦理学》

### 哲学伦理学和基督教伦理学

《基督教伦理学》在施莱尔马赫恢宏的知识结构规划中占据的地位非常明显而确定。施莱尔马赫接受在自然"科学"和历史"科学"之间所作的极为通行的区别，认为一切知识都可以归属于前者或后者的名下。神学学科的基本目的是指导教会，与心理学和政治学一类的经验学科一样，明显地属于历史科学。这些历史科学

---

（接上页）内尔出版《虔敬之渴望》(Pia Desideria)对该派的形成发挥决定性的影响。斯彭内尔为祈祷者组织以热忱为基调的圈子，倡导查经，但未与路德宗教理以及路德宗教会脱离。该派后形成多种派别，其中的激进派反对国立教会，倡导千禧年主义，并与路德宗和改革宗中的虔敬派主流发生争论，其中的温和派得到大多数牧师的支持。佛兰克攻击莱比锡大学的教授。该派与路德宗正统思想发生分裂，其时新建立的哈勒大学成为该派的中心，并扩展至整个德国，但在德国各个地区其表现方式不同。该派在哈勒发展出一套严格的体系，主张苦修、恩典和重生，同时该派主要倡导个人全身心奉献给救世主。18世纪，该派积极从事慈善和宣教活动，至20世纪消失。——译者

⑪ 浪漫主义(Romanticism)：18世纪末、19世纪初兴起于欧洲。其影响及于文学、音乐、哲学、美术及宗教等领域。其基本特征为重视自然，重视个人体验，强调直觉，重视情感，崇尚自然背后的博大精神和无限生命力，认为自然界的有机统一性在于它被体验为一个美学上的整体，反对狭隘的实证经验主义和机械的唯理论，主张兼容并蓄的宽容精神和对整体美的细微把握。——译者

的基础就是施莱尔马赫所谓的"哲学伦理学"。在他看来,伦理学是"关于历史原理的科学"[12],因此与我们今天所谓的文化哲学、历史哲学,甚至是社会学更为接近和紧密。[13] 哲学伦理学的基本目的是提供智性范畴即概念框架中的要素,从而可以使我们从事更加特殊的研究。施莱尔马赫认为:"若不继续参照伦理原则,甚至连历史神学研究也会被还原为偶然的体操运动,必定会退化为传递毫无意义的信息的过程。"[14]

因为哲学伦理学提供用于建构历史学科的基本的智性范畴,所以,施莱尔马赫的基督教神学和基督教伦理学都属于实际上以哲学伦理学为前提条件的历史学科。因此,《基督教信仰》第一章介绍哲学伦理学。事实上,第一章中有三分之一(约占英文版30页)的篇幅用于从"借鉴伦理学的命题"来形成教会观。[15] 非常明显,施莱尔马赫所使用的"伦理学"一词远远偏离于我们通行的伦理学,

———————————

[12] 弗里德里希·施莱尔马赫:《神学研究简明纲要》(*Brief Outline on the Study of Theology*),泰伦斯·N. 梯斯(Terrence N. Tice)译(Richmond:John Knox Press, 1966 年),第 29 节。

[13] 参阅汉斯—约亚敬·比尔克内(Hans-Joachim Birkner):《施莱尔马赫的基督教伦理学》(*Schleiermachers Christliche Sitternlehre*, Berlin:Alfred Toepelmann, 1964 年),第 37 页。连同基督教伦理学,施莱尔马赫的哲学伦理学已经根据他自己手写的手稿以及他的学生们的笔记重编了。其标准版本是《哲学伦理学》(Philosophische Ethik),载于《施莱尔马赫选集》(*Schleiermachers Werke im Auswahl*),奥托·布劳恩(Otto Braun)以及约翰尼斯·鲍尔(Johannes Bauer)编辑,第 2 版,第 2 卷(Leipzig:Felix Miner,1927—1928 年)。在准备本书的《英译者导言》的时候,笔者基本上参阅了三本二手材料:(1)上文提到的比尔克内的著作;(2)阿尔伯特·L. 布兰克维尔(Albert L. Blackwell):《施莱尔马赫的早期生命哲学:决定论、自由和空想》(Schleiermacher's Early Philosophy of Life:Determinism, Freedom, and Phantasy),载于《哈佛神学研究》(*Harvard Theological Studies*),第 33 期(Chico, Calif.:Scholars Press,1982 年);(3)詹姆斯·O. 杜克(James O. Duke):《施莱尔马赫基督教伦理学中的基督徒和伦理》(The Christian and the Ethical in Schleiermacher's Christian Ethics),1985 年(影音本)。布兰克维尔的著作虽然关注施莱尔马赫的早期作品,但是用作施莱尔马赫伦理思想的入门则尤为适合。

[14] 施莱尔马赫:《神学研究简明纲要》,第 29 节。

[15] 施莱尔马赫:《基督教信仰》,第 3—31 页。

即指导行为的规则和准则。

再具体一点说，在施莱尔马赫看来，"伦理学"指的是过程，借此自然逐渐形成为理性的器官。换言之，伦理学是过程，借此理性渗透自然，赋予它形状或形式。例如说，这个过程在雕塑工作或技术开发上最为我们所常见，在此原材料被赋予形状并/或被组织化，以便为人类行使有用的功能。但是，在不断形成将文明从过去的原始状态区别开的伟大的人类共同体——国家、社会、学校和教会——上，这一过程也是显而易见的。在此施莱尔马赫伦理视野的广度是非常显著的。伦理学不是生活的一个角落，也不仅仅属于个人的领地。它确确实实地囊括了全部有限的实在。

施莱尔马赫认为，这个道德过程出现在自然的所有层面上，为人类所意识到，所以，人类生存现象学描绘人类生活和活动的本质结构，理性借此结构扩展它对自然领域的统治，而绝大部分的哲学伦理学致力于此，这就没有什么奇怪的了。施莱尔马赫的分析过于广泛，这篇短短的导论不足一一涉猎，但是，如下两个思想特别有助于理解《基督教伦理学》。第一，施莱尔马赫有力地抵制唯心主义和唯物主义中的还原主义倾向，认为人类生活确切地包括自然和理性（用康德的话说，现象和本体）的辩证统一。施莱尔马赫反对康德，认为这种辩证关系的每一方既限制对方，同时反过来，又被对方所限制。因此，人类生活采取斗争的形式，以便让自然与理性协调一致。但是，这既非摩尼教⑯的二元主义，在此自然和理

---

⑯　摩尼教（Manicheanism）：3世纪中叶于古波斯（今伊朗）萨珊王朝时兴起的一种宗教。创始人摩尼（216—277年？），故名。该教受到诺斯替教派或灵知派善恶二元论以及佛教的影响。其核心思想是二宗三际说。二宗指明与暗（即善与恶）。三际指初际、中际、后际。该教曾风行于欧亚非的广大地区。其最高崇拜神是大明尊（或称大明神）。该教组织严密庞大，其内部分有5个等级：12慕阇（承法教道者，或称大师），72萨婆塞（侍法者，亦称拂多延），360默奚悉德（法堂主），阿罗缓（纯善人，即电那勿），耨沙（净信听者）。其经典大部分由摩尼本人撰写，主要有《密迹经》《大力士经》等。该教有严格的清规戒律，主要有四不（不吃荤、不喝酒、不结婚、不积聚财物）、忏悔十不正当（虚伪、妄誓、为恶人作证、迫害善人、拨弄是非、行邪术、杀生、欺诈、不能信托及不使日月喜欢的　（转下页）

性永恒地势不两立,也非伯拉纠派⑰的天真,轻易地主张理性具有统治地位。施莱尔马赫的道德主体并不像康德的本体自我那样是彻底自由的,后者并不受现象中的自我的影响。根据基因遗传、经验等等,一个人偏向或倾向于某种特定的方向,随着这些禀赋促成为人类行动提供基础的"冲动",它们在道德选择中突出地呈现出来。施莱尔马赫将基督徒的生活描绘为一个逐步让肉身与圣灵协调一致的过程,这种对人类本性的描绘以此方式在《基督教伦理学》中凸显出来。正是这种张力构成了有效行为之基本形式的基础,而这种行为给基督教伦理学带来基本结构。

　　哲学伦理学的的第二个主题有助于阐释《基督教伦理学》。它是自我社会观。理性和自然的辩证关系与第二个辩证关系即个体和共同体之间的关系交叉。自我和社会之间的互惠关系是直接的自我意识中一个部分,自我不仅包括在彻底的个体性之中,而且也包括在它的社会关系之中。个体会影响共同体,但是,个体反过来要遵循共同体,并受之塑造。因此,人的禀赋强有力地受到一个人与其他人之间关系的塑造,在像教会这样有目的的共同体之中尤为如此。所以,毫不奇怪,作为信仰共同体的教会在施莱尔马赫的基督教伦理学中发挥显著、同时也是根本性的作用。作为一种描

---

（接上页）行为）、遵守十戒(不拜偶像、不谎语、不贪、不杀、不淫、不盗、不行邪道巫术、不二见、不惰、每日四时祈祷)等。该教于唐高宗或稍后的武则天当政时传入中国。会昌五年(845),唐武宗毁法灭佛,摩尼教随之遭到禁断,逐渐成为民间秘密宗教,演化出许多支派流裔。宋代,摩尼教汉化并演变为明教(或明尊教)。明朱元璋登基后镇压明教,除国号仍称"大明"外,一切与明教有牵连的事物都下令更改。清代,许多民间教派仍受到摩尼教的影响,但史料已不见记载。——译者

⑰ 伯拉纠派(Pelagianists):早期基督教异端。该派对人类的宗教道德状况抱持毫无理由的乐观主义,即使原罪对现世带来祸害也无妨碍;反对奥古斯丁的预定论与原罪说;主张人的得救不是靠神的恩典,而是出于人的自由意志,人通过自身的努力能够采取拯救的第一步。4世纪末至5世纪初,不列颠神学家伯拉纠(Pelagius)在罗马期间曾试图在教会内唤起真正的圣洁和道德改革,各种不同团体组成的禁欲运动以其名号活动,故名。529年奥伦奇公会议对伯拉纠主义和半伯拉纠主义作出否定的决议。后逐渐消失。——译者

述性学科,基督教伦理学关注的是共同体,而非个体。

在哲学伦理学和基督教伦理学之间存在着明显的张力,而施莱尔马赫尚未充分地予以解决。施莱尔马赫的基本主张是理性是同一的,这意味着他赞成在哲学伦理学以及神学伦理学的范围或内容之间并不存在着本质性的矛盾。他的确坚持形式上的差别,但是,他将哲学伦理学与过程等同,借此过程自然逐渐地被带入与理性的和谐关系之中,这就提出一些非常尖锐的问题:基督教伦理学不是完全多余的吗? 哲学伦理学和基督教伦理学如何才是必不可少的? 它们不是的确相互矛盾的吗?

## 神学和伦理学(信仰指导和道德指导)

正如施莱尔马赫所认为的,神学和伦理学是两个密切联系的平行学科。严格地说,它们彼此独立,并不以对方为起源。施莱尔马赫认真选择术语 *Glaubenslehre*(字面意思是"信仰指导"或"信理")和 *Sittenlehre*("道德指导"或"道德教诲"),至少部分地表明了这种关系。在广义上,神学和伦理学属于"教义学"[⑱],都包括教会关于信仰和道德的教诲。

在施莱尔马赫看来,当然,宗教的本质既不(像在新教正统派那里)是神学,也不(像在启蒙运动,特别是康德那里)是伦理学。它在本质上不是认识之道,也不是行动之道。的确,宗教的本质是"绝对的依赖感",而在它的实际表现形式上,它受到各种不同方式的修正。因此,"绝对的依赖感"构成犹太教和基督教的基础,但是,在这两个相应的共同体之中,塑造它的方式并不相同。施莱尔马赫概述它经过基督教修正形成的独特特征是"在与耶稣基督合一中的罪与救赎意识"。因此,作为某个宗教共同体的成员,一个人会受到共同体独特的"精神"或它以特殊方式修正绝对的依赖感所塑造。

---

⑱　施莱尔马赫:《神学研究简明纲要》,第194—231页。

对于施莱尔马赫来说,基督教会修正了这种绝对的依赖感的具体表达形式;它成为思想(*Gedanke*)和行动(*Handlung*)的冲动。当这种冲动产生出思想,因此依靠复杂的观念(狭义上的"教理"或"教条")的时候,它就是基督教神学。当这种冲动产生出行动,激励出特殊的行为模式的时候,它就是基督教伦理学。虽然两者紧密相联,都直接源自于宗教情感,但是,彼此并不相互依赖。因此,伦理学不(像在新正统派那里)是应用神学,而且神学也不(像在自由神学那里)是对实践的反思。

神学和伦理学都属于描述性学科,也就是说,它们描述一组思想(神学)或一组行为(伦理学),后两者都从特定时代的基督教共同体之中产生出来。但是,这种描述在严格意义上不属于经验,因为客观的研究者站在共同体之外,仅仅研究有关各种道德问题的态度,并不能够完成这种描述。描述远非轻描淡写,只有当一个人全身心地参与到那个共同体生活之中,他才可以适当地承担起这种描述工作。

## 《基督教伦理学》的组织结构

施莱尔马赫组织基督教伦理学的原则是以源自于基督徒意识的各种行为或活动为基础的。"有效"(*wirksamen*)行为是否被归类为一种,还是它的两个子类可以各自归为一个主要范畴,依据这一点,人们可以提出两种或三种主要的行为种类。两种类型源自于"自我表达"(*darstellende*)行为和有效行为之间的二分。两者之间主要的一个不同点是,在人自身之中或在世界之中产生变化的意义上,有效行为特别以产生出效果为目的,而自我表达行为仅仅是渴望表达自己、渴望与他人交流,并不以在自身之中或在世界之中产生变化为目的。当有效行为被进一步划分为"矫正"(*corrective*)行为和"播散"(*verbreitend*)行为的时候(参见下页图表),三种类型就形成了。在约纳斯版的《基督教伦理学》中,所有这一切都非常明确,在此这些思想得到更充分的发展,讨论也较少抽象。[19]

| 自我表达行为（Self-Expressive Behavior） | |
|---|---|
| 有效行为（Efficacious Behavior） | 矫正行为（Corrective Behavior）（痛苦） |
| | 播散行为（Disseminating Behavior）（快乐） |

**表明施莱尔马赫《基督教伦理学》中行为种类关系的图表**

施莱尔马赫对有效行为的双重划分以如下主张为基础，即在人自身或在世界之中产生变化的目的源自于基督徒意识中的两种不同的冲动。一个是源自于快乐（*Lust*）的冲动，一个是发端于痛苦（*Unlust*）的冲动。在施莱尔马赫看来，"快乐"和"痛苦"两个词指的是基督徒意识中的特殊状态，与功利主义传统没有关系；功利主义传统之父是与施莱尔马赫同时代的杰里米·边沁（Jeremy Bentham，1749—1832年）。施莱尔马赫是根据在起点（一个人渴望与神交通）和顶点（这种渴望得到最终的祝福）之间的连续同一关系来认识基督徒生活的。换言之，从路德的格言"信徒既蒙拯救，同时也是一位罪人"来看，在真实的世界之中，基督徒的生活处于罪与恩典、肉身与圣灵之间的张力之中。当一个人与神的交通受到压制，一个人占据主导地位的行动冲动受到较为低级的本性决定的时候，在这些时刻，他会经验到痛苦。当那些充满某种基督徒意识的人自私地储藏财物，或者当他们缺乏道德勇气挺身而出秉持正义的时候，他们具有负罪和羞愧感，随之而来的是为重新获得道德意义而挣扎，以此而经验到痛苦。源自于此的冲动就是施莱尔马赫所谓的矫正行为，因为它寻求矫正或修复一个人身上高

---

[19]　弗里德里希·施莱尔马赫：《基督教伦理学》（*Die christliche Sitte*），路德维希·约纳斯编辑，第二版（Berlin：G. Reimer，1984年）。

*13*

级本性和低级本性之间恰当的关系。这种行动采取惩罚或纪律的
方式。这里的关键点与其说是一个人的直觉或独特的个人欲望应
当受到摧毁,毋宁说它们应当心甘情愿地服从于圣灵的冲动。在
约纳斯版中,施莱尔马赫对培养儿童、司法公正以及福利伦理的讨
论都放在矫正行为的名下。[20]

宗教快乐或愉悦的经验寓于强力意识之中,后者让一个人的
肉体直觉和独特的个人欲望受制于圣灵的统治。源自于此的宗
教冲动就是施莱尔马赫所谓的播散行为,因为它寻求将圣灵的统
治扩展到人自己、教会,乃至整个世界之上。这种行为所具有的
特定形式就是教育,包括在道德和宗教关怀上的通识教育和特殊
训练。因此,在此,施莱尔马赫谈论了有关教育的本质、教会在教
育过程中的作用以及各种各样与政教关系相关的论题。[21] 非常明
显,施莱尔马赫的关怀投向了社会正义,所以沃尔特·饶申布什[22]
尊施莱尔马赫为关注社会的基督教的"先知"之一,这就不是偶然
的了。[23]

自我表达行为除了宗教意识之外,还出现于戏剧与艺术之中。
这里的关键与其说是改变一切事物,毋宁说是仅仅建立和维持表
现和交流的环节。在宗教意识之内,这种行为主要可以在崇拜中
找到。崇拜既是矫正行为,又是播散行为,既在作为整体的共同体
之内,又在每个个体之中,的确,在真正的崇拜之中,与自我表达的
冲动相比较,这些要素都是微乎其微的。[24]

---

[20] 同上书,第 97—290 页。

[21] 同上书,第 291—501 页。

[22] 沃尔特·饶申布什(Walter Rauschenbusch,,1861—1918 年):美国新教社会福音运动的倡导人之一,浸礼会牧师。

[23] 参阅沃尔特·饶申布什:《社会福音神学》(*A Theology for the Social Gospel*)(Nashville:Abingdon Press,1945 年),第 27 页。

[24] 施莱尔马赫:《基督教伦理学》,第 502—705 页。

## 《基督教伦理学》版本：约纳斯版和培特版

将近一个半世纪，通向施莱尔马赫论述基督教伦理学的著作的道路就是由路德维希·约纳斯 Ludwig Jonas)收集和编辑、于1843年出版的一卷书；是时离施莱尔马赫去世已经九载。约纳斯在柏林曾是施莱尔马赫的学生，特别为他在1817年夏天所作的关于基督教伦理学的讲演所触动："施莱尔马赫所作的讲演没有哪个能比得上他在1817年夏关于基督教伦理学的演讲更为有力地打动了我。"㉕两年后，约纳斯在施莱尔马赫的指导之下准备了一篇关于这些演讲的"详细纲要"。因此，当施莱尔马赫不能自己动手准备出版这些演讲的时候，他委托约纳斯完成这一任务。约纳斯接触了施莱尔马赫四篇手写的手稿，但是没有一篇内容是全面的，每篇出自于施莱尔马赫生涯中的不同时期（1809年，1822/23年，1828年，1831年）。因此，他不得不偏重于依赖学生的笔记。他决定让1822—1823年的讲演作为全书的基础，部分是因为他自己拥有施莱尔马赫这一学期的部分手稿。基于这些材料，约纳斯出版了《基督教伦理学》(Die Christliche Sitte)，是一部有700多页的巨著。

本英文译文取材于最近面世的赫尔曼·培特(Hermann Peiter)版本；它以1826/27年的讲演为基础。培特引用了施莱尔马赫1825年致马丁·莱贝莱赫特·德·威特（Marin Leberecht de Wette)的一封书信。在此施莱尔马赫写道："当我不知何故可以抽出余暇的时候，我最渴望做的事情就是着手让基督教伦理学与教义学并驾齐驱。随着我现在的阅读，它们比以前越来越精致，越来越完整，越来越连贯了。但是，吉光片羽从来没有诉诸笔端。"㉖因

---

㉕　参阅路德维希·约纳斯：《编者前言》(Vorwort des Herausgebers)，载于施莱尔马赫：《基督教伦理学》，第 v 页。

㉖　转引自赫尔曼·培特：《编者导论》(Einleitung des Herausgebers)，载于《施莱尔马赫：基督教伦理学导论》(Schleiermacher: Christliche Sittenlehre. Einleitung)，由赫尔曼·培特编辑(Stuttgart: Verlag W. Kohlhammer, 1983 年)，第 xxvi 页。

此,培特认为施莱尔马赫本人判断 1822/23 年的讲演尚不足以准备出版,这推动培特决定以 1826/27 年的演讲为基础出版文集。

培特的版本编自于 1826/27 年学期的三位学生的笔记本,局限于施莱尔马赫导论性的讲演稿。该文本有时相当不和谐,当读者以第三方的身份碰到施莱尔马赫的参考资料的时候尤为如此,但是,这反映出培特所处理的材料的本质。在德文版中,培特提供了内容详实的文本批判材料,即在脚注中提供了取材于笔记本的各种不同的阅读资料。他还提供了丰富的参考资料,即施莱尔马赫其他著作中的平行段落,其中包括为约纳斯所采用的施莱尔马赫的手写笔记。为了推动普罗大众欣赏施莱尔马赫对基督教伦理学的理解,这些帮助并没有收录于此。我们已经在英译本中采用了培特的纲要以用作目录和标题。

## 施莱尔马赫与当代基督教伦理学

非常不幸,施莱尔马赫极少引起当代基督教伦理学家们的注意。例如,新出版的《威斯敏斯特基督教伦理学词典》(*Westminster Dictionary of Christian Ethics*)只有五处附带性地提到了施莱尔马赫,而康德和黑格尔每个人都有整篇的条目和大量贯穿全书的引文。[27] 施莱尔马赫的伦理学著作相对难以接近,依此来看,这种境遇也的确能够为人所理解,但是,因为施莱尔马赫以创造性的方式与有关基督教伦理学的任务、道德行为者的本质、基督教伦理学与哲学伦理学的关系等基本问题进行搏斗,所以这种境遇又是最为不幸的。施莱尔马赫的一些最杰出的主题预告了当代基督教伦理

---

[27] 《威斯敏斯特基督教伦理学词典》(*Westminster Dictionary of Christian Ethics*),由詹姆斯·F. 查尔德利斯(James F. Childress)以及约翰·麦奎利(John Macquarrie)编辑(Philadelphia: The Westminster Press, 1986 年)。詹姆斯·古斯塔夫松(James Gustafson)作为当代基督教伦理学家,是为数不多一贯关注施莱尔马赫的学者,参阅他的著作《基督和道德生活》(*Christ and the Moral Life*)(Chicago: The University of Chicago Press, 1968 年),第 83—98 页。

学中的潮流。例如,对康德的挑战,共同体在塑造品格上的作用,以及品格对道德决定的意义,非常惊人地类似于斯坦利·侯活士㉘(Stanley Hauerwas)思想中的主题。㉙ 施莱尔马赫对圣经准则的尊重反映出对圣经和伦理学的兴趣再次勃兴。㉚ 施莱尔马赫主张伦理学是描述性学科,他所说的意思是,对于基督教伦理学来说陈述要比命令更为基本,这一见解似乎与现在对叙事伦理学的兴趣有着重要的联系。㉛ 因此,我们有望现在的这卷书在带领施莱尔马赫进入当代基督教伦理学争论上迈出第一步。

---

㉘ 斯坦利·侯活士(Stanley Hauerwas,1940 年—):当代美国伦理学家、神学家。——译者

㉙ 例如,参阅斯坦利·侯活士(Stanley Hauerwas):《品格和基督徒生活:神学伦理学研究》(*Character and the Christian Life:A Study in Theological Ethics*)(San Antonio:Trinity University Press,1975 年);以及《和平的国度:基督教伦理学入门》(*Peaceable Kingdom:A Primer in Christian Ethics*)(Notre Dame,Indiana:University of Notre Dame Press,1983 年)。

㉚ 参阅布鲁斯·C. 毕奇(Bruce C. Birch)以及拉利·L. 拉丝姆森(Larry L. Rasmussen):《在基督教生活中的圣经和伦理学》(*Bible and Ethics in the Christian Life*)(Minneapolis:Augsburg Publishing House,1989 年);托马斯·W. 奥格雷特里(Thomas W. Ogletree):《基督教伦理学中的圣经运用》(*The Use of the Bible in Christian Life:A Constructive Essay*)(Philadelphia:Fortress Press,1983 年);以及威廉·C. 斯堡(William C. Spohn):《论圣经和伦理学》(*What Are They Saying About Scripture and Ethics?*)(New York:Paulist Press,1984 年)。

㉛ 詹姆斯·迈科克伦敦(James McClendon):《伦理学:系统神学》(*Ethics:Systematic Theology*),第 1 卷(Nashville:Abingdon Press,1987 年),以及侯活士的《和平的国度》。

# 第二章 基督教伦理学导论

## 神学和伦理学的密切关系

基督教伦理学(*Sittenlehre*)和基督教神学(*Glaubenslehre*)彼此紧密地联系在一起,虽然这两个词本身并没有指明这一点。当人们审视神学史的时候,非常明显,人们公认为,将基督教伦理学塑造为一门独立的学科是最近的事情。阿伯拉尔[①]是第一位作出这种努力的人,但是他没有找到完成任务的道路。直到宗教改革运动,这两个学科才彼此分开,人们以不同的方式加以研究,正如它们今天的现状。丹纳乌和加里斯多首先完成了这一任务[②]。这种分离并没有改变主题,已分开的两个事物反倒紧密地联系在一起。人们尚不会认为具有道德内容的个别命题会因为这种分离而具有新的本质,或者说,它们至今以特殊的方式汇编在一起。甚至现在,个别的道德命题与基督教神学中的个别命题一样具有相同的本质。因此,施莱尔马赫必然会以不同于惯常的方式处理这一学科。自这两个学科分开以降,人们从整体上考虑,认为基督教伦理学具有不同的方面,它的个别命题以不同的方法为基础,与之密不

[①] 阿伯拉尔(Piere Abelard,1079—1142 年):中世纪经院哲学家、神学家。——译者
[②] 参阅兰伯特·丹纳乌(Lambertus Danaeus):《基督宗教伦理学》三册(*Ethices christianae libri tres*,1577 年),以及格利高里·加里斯多(Geogorgius Calixtus):《伦理神学撮要》第一册(*Epitomes theologiae moralis pars prima*,1634 年)。

可分的价值观也与教义学命题不同,基督教伦理学越来越以这样
的方式形成起来,这种看法也是没有错误可言的。

　　自这两个学科分开以来,基督教伦理学越来越与理性伦理学密
切联系在一起,这彻底改变了它与教义学之间的整个关系。但是,
这种做法极大地歪曲了主题,而且当我们思考所有神学学科之目
的的时候,必然再次完全放弃这种路径,这是因为,在此基督教伦
理学完全源自于与基督教神学相类似的东西,而且它自身的目的
被这样遮蔽了。如果我们认为信仰应当与圣经中的规则密不可
分,或与实际上在教会中发生的一切相类似,如果我们现在认为基
督教伦理学应当建立在理性基础之上,那么,人们认为后一种情况
是人类一般的关注点,而不以在教会中实际发生的一切为根据。
因此,首要原则就是:基督教伦理学和基督教神学的分离必定不允
许摧毁两者之间的类似关系。这一原则是我们必须以之为出发点
的基础。(参阅施莱尔马赫的《神学研究简明纲要》和《基督教信
仰》)③

　　出现在施莱尔马赫的《神学研究简明纲要》中的神学学科的整
个简图确实是以传统路径为出发点的,但是,分歧属于语义学上
的,而非实质性的。若不考虑该书中哲学神学的内容,其中的差别
在于如下事实,即传统路径将历史神学和系统神学并列作为两个
完全不同的实体。但是,施莱尔马赫完全避开"系统神学"这一表
达形式。在传统上,人们正是根据这种表达形式来理解基督教神
学和基督教伦理学的。

　　在历史神学的大标题之下,在认识基督教会的历史发展和认识
教会中现在实际的处境之间出现了差别。基督教神学和基督教伦
理学正是归于后者的名下,这个事实的确似乎是一个吊诡,但并非

---

③　《神学研究简明纲要》(*Brief Outline on the Study of Theology*),泰伦斯·N. 梯
　　斯(Terrence N. Tice)译(Richmond: John Knox Press, 1966 年)。《基督教信仰》
　　(Christian Faith),H. R. 麦克金图奇(H. R. MacKintosh)和 J. S. 司徒尔特(J. S.
　　Stewart)译自德文第二版(Edinburgh: T. & T. Clark, 1928 年)。

如此。确实,这似乎提出一个非常有限的观点,好像基督教神学和基督教伦理学不过是认识在基督教会中当前被认为是属乎教理的东西。尽管这样,没有必要解释并表明传统上所谓的系统神学在此是可以被建立起来的。但是,明显的吊诡之处在于基督教神学和基督教伦理学应当被解释为相互关联地理解成教会中发生的一切。人们可能会说:完全以外在的方式可以获得在教会中一切有效的认识,在这种情况下,基督教神学和基督教伦理学不过就是这类完全外在的传统,就是这些已经阐述为某个教会中教理上的特殊命题的汇编。这种命题不包括概念上严格的东西,没有有助于神学家的东西,也没有适合于神学目的的东西。如果基督教神学和基督教伦理学仅仅被阐释为在特定时间内是真理的东西,那么,就无方向、支持与否可言,一切就可以像它们惯常的那样怎么都可以了。这的确不是施莱尔马赫心之所仪。

## 基督教共同体的独特特征

基督教会是一个共同体。但是,每个个体都受到整体的影响,只有根据整体才能理解他自身。以此来看,教会是一个活生生的整体;我们要在活生生的发展中去理解教会。对于基督徒来说,关于基督徒共同体,无论他说"我视之为真理",还是说"那是教会之真义和精髓",它必须在总体上是无形的。如果情况不是这样的,那么,他已经离开其与基督教会之间本真、活生生的关系。如果有人认为基督教会是一个共同体,认为它与每个共同体都是一样的,施莱尔马赫也不赞成,这是因为,他认为基督教共同体在总体上是独一无二的。如果我们考虑一个国家处在健康运行的境况下,我们会也认为,在某种意义上,若从活生生的发展中去理解的话,这种国家就是一个整体,以至于每个个体都感受到整体的推动。但是,我们只能以固定不变的方式去认识这种国家。当变化发生的时候,它会如何呢?这种国家是依然如故,还是它变成了不同的东西?这仅仅是语义上的冲突,可以忽略不计。这种国家的形式属于这种国家的本质,这就是已经改变了的东西。当我们根据整体来理解所有个体的时候,这种情况还会发生吗? 决不! 改变这一切的个体因此优先于整体。在基督教会中,各种变化也会发生,但是没有一个变化可以与国家中的变化相比,没有一个变化已经摧毁了连续性,以至于人们不知道教会是否依然如故。在那里每种改进参与到已经逝去的早期时代,即使它偶尔会被现在的处境所抛弃。因此,在基督教会中,没有人会认为对他而言是真实无误的东西,同时而不认为它在教会中有效;如果大多数人反对他,那么他会诉诸早期处境。如果我们现在提出一种总体上非常复杂的理论,那么这抑或会与将来某日再次被视为真理的东西协调吗? 这是不可能的,只有通过杰出的个体,它才有效,因为它是通过辩论确立起来的。宗教改革家们处于不得不让早期教会中的真理建立在重新有效的处境之中。他们是通过体系来做到这一点的吗? 不,而是通过提升个体,通过与曾经有效的真理进行比较。如果有人想让早期复杂的教理重新有效,那么他必须首先赢得个别的命题来支持他的观点。宗教改革原则早已经存在于许多个别人之中。但是,仅仅一个人见证宗教改革的真理就能确立纯粹属于新教的教义吗? 不,这是因为他总是要回归到辩论的形式。例如,从神学观点考虑一下梅兰希顿④著名的教义学著作《基督教教理》(Loci)⑤。严格地说,那是新教的信仰教理吗? 没有人会肯定这一点,因为在那里缺乏整体同一性,缺乏精确的联系。它基本上是从个别成员的辩论通向真正的系统化联系的桥梁。

根据基督教神学和基督教伦理学严格的概念来看,这两个学科

④　梅兰希顿(Philip Melanchthon, 1497—1560 年):德国宗教改革家、人文主义者。——译者
⑤　Loci:16 和 17 世纪形成的神学著作的名称,主要作者有梅兰希顿等人。在这个时期,loci communes 字面的意思为"共同点"(common places),主要指基督教教理的总汇;loci theologici 字面的意思为"神学段落"(theological places[or passages]),指具体的内容,因此具体的圣经经文就包括在每个神学段落之中。——译者

确实与形而上学和理性伦理学具有一定的相似性。但是,有人证明在任何一种情况下形而上学或伦理学体系显示出在哲学世界中在某个时期有效的真理了吗?不,其中的区别在这里:哲学世界和一般的道德世界都不是一个像基督教会一样紧密的共同体。但是,任何人还处在紧密的语言共同体之中,没有人能揭露出并不在共同体之中已经明确宣布的东西。

关于正当和善,那些已经完全意识到真正在基督教会中变动的东西的人,总是形成教会中流行的观点,并传播这些观点。这是一个相当隐秘、在概念上非常严格的过程,也就是说,我们以纯粹外在的方式,即人们必须首先拥有所有的部分,就不会发现整体的图景;的确,人们必定要追问:本真的基督教精神以什么样必不可少的功能在生活中表达自身?这是一个相当内在的过程。对于作出这种主张的人来说,它绝非属于外在的东西,这类事物要在教会中有效;的确,他自身具有他所勾勒出的历史特征;否则,异教徒也会写出一部基督教伦理学,在这种情况下,内在的确信就失之交臂了。只有纯粹经验的描述才与既定但缺乏确信(conviction)的事实一致。确信是完全的意识,展示出在概念上严格的形式。因为基督教伦理学所蕴涵的仅仅是描述同样的行为形式,这种行为自然而然地从基督教原则中产生出来,所以基督教伦理学一直仅仅生于基督教会之中,并为了基督教会而存在。

## 基督教伦理学受到现在(和平)时代的限制

如果从这一更高的立场来考虑这一问题,我们赋予基督教伦理学的上述形象仅仅适用于特殊的时代,如何来为此辩护呢?从已经论述的内容来看,基督教伦理学仅仅出现在被认为在整体上是和平的时代,出现在所肯定的东西形成为伟大的标准,模糊了冲突,作为某种分离的东西出现的地方。我们认识到我们实际上是如何以这种方式划分整个时间运动的。此外,根据这种运动发生的方式,我们认识到在意义重大的时刻基督徒是如何修改自己生活的。如果我们自我沉迷于早期时代的生命,那么我们会以内在的方式、严格的概念来描述在那个时代被肯定为正当和善的东西。但是这种描述不复存在。这种描述确实非常稀少、困难,一直是一项关键性的工作。

因此,基督教伦理学只有在基督教会的太平盛世中出现。我们不能确定我们现在确立为正当和善的东西在将来还是否为人接受,正如在其他时代被视为有效的东西,我们现在照样接受一样。在我们的领域中,这种运动一直深深渗透于基督教原则之中,而不是放弃这种原则,更不是攻击这种原则。出于这种原因,我们必须下结论说,那些蒙召阐释基督教伦理学的人,甚至那些深深受到所处时代的基督教精神所推动,并因此以清楚明白的意识洞察它与生活之间关系的人,不会认为如此这般的伦理学会在未来一切时代都会有效,另外,他们必定已经参与了这种运动。希望大家明察秋毫到这一点并不合乎基督教伦理学得以形成的环境。但是,认识到我们没有完美的东西,认识到会有更加接近完美的东西必定会来,这是非常好的。严格地说,理性伦理学的教师也应当具有这种意识。但是,在紧密的共同体之中,在此人们的实践知识日益增多,这种共同体在确定的阶段得到发展成了一件困难的事情。如果一个人从一开始以严格的概念考虑研究的话,那么他就已经获得了大量的伦理学和神学了。

## 基督教伦理学受到新教教会中独特精神的限制

因此,如果在基督教伦理学中我们受到特定时代的限制,我们还不能打发掉另外一个限制。在现时代,甚至在这个时刻,不存在普世的基督教伦理学,因为基督教会中出现了分裂的现象。如果我们关注基督教会中的一个部分,在此神学一直在进步——也就是说,关注西方教会——假如基督教会仅仅由像英国圣公会和德国新教之间的分裂所构成的话,那么,分裂实际上是虚假的。尽管它们在本质上是分裂的,但是它们联手反对罗马天主教会,而它们本质上在显明基督教信仰和生活上是从后者分裂出来的。正如基督教伦理学现在所显明出来的那样，它只能成为新教或罗马天主教的基督教伦理学，而绝不会成为两者兼顾的基督教伦理学。正如我们不能建立既非新教亦非罗马天主教的基督教神学一样，基督教伦理学的情况也同样如此。我们全部的基督教伦理学必须赖以为基础的原则是基督教精神，但是它仅仅出现在新教而非修正这种精神的罗马天主教之中。这一关键点需要详加检验。对这种关系的通常解释是基督教精神以纯粹的形式出现在新教教会而非罗马天主教会之中，在后者之中，这种精神要么被外来因素所污染，要么不能以新教中同样的程度渗透人心。但是，根据施莱尔马赫的表述，这里的意思是极为不同的。这里的关键不是说新教教会更加绝对地被赐予基督教精神，而在罗马天主教会中则有所增减。的确，当施莱尔马赫认为这种被罗马天主教修正的基督教精神是基督教伦理学的基础的时候，其意思是说施莱尔马赫不是任意，而是根据独特的形式来解释罗马天主教会中的分歧。这里不可能提供这种看法的证据。如果两个教会之间完全不同为人所公认，那么，新教伦理学会替代同一个时代的罗马天主教伦理学。我们必须要做的就是将我们更加完全的伦理学与较少完全的伦理学并列，同样，在外在的东西已经潜入罗马天主教会的地方，将之置于更为纯洁的教会旁边。从这种观点来看，我们不必处理另外一种观点，即罗马天主教会仅仅是基督教精神的一种独特的形式，而非仅仅为变形的结构或错误的实践所扭曲。这样的观点不能完成它应当完成的东西。根据施莱尔马赫的看法，罗马天主教伦理学的确是一种完全不同于新教伦理学的伦理学类型。罗马天主教伦理学正好在一切部分上都与新教伦理学不同。因此，来自罗马天主教伦理学的教导和类似的东西仅仅具有例证的作用。

## 与理性神学和理性义务伦理学的关系

作为一种规则，如果就基督教伦理学如何形成一个整体组织，我们仅仅具有初步的观念,那么,我们必须自己建构出个别命题的特征和本质内容。关于这一点,施莱尔马赫诉诸他的《基督教信仰》中的导言。

基督教神学和基督教伦理学的命题绝非是纯粹智性的建构。的确,它们是对在特殊的活动中予以领会的基督徒意识的反思:它们从来不表达普遍真理;要是让它们对特定的个体而言成为真理,那么他必须首先要成为基督徒。基督徒意识被称为情感(felling),一方面,它具有直接的原创性,另一方面,它又具有个体性。在这种情况下,该词指的是具有特殊个体性的原始意识。基督教伦理学的特殊命题因此就是表达基督徒意识中特殊功能的内容。在此,我们可以最好地回答有关基督教神学和理性伦理学之间的关系问题。在《神学研究简明纲要》中,施莱尔马赫认为,正如基督教伦理学与理性义务伦理学联系在一起一样,基督教神学与理性神学联系在一起。如果我们追问,什么是理性神学?我们不会根据是否存在或不存在这种神学来作出回答。确实,我们确认它是一个难题,并追问:它必须是什么样的理性神学?在理性神学中我们关注的是什么呢?我们关注的是认识完全从理性中产生出来的神。这种认识在基督教神学中就不适合,它最多不过仅仅作为一个命题或推论而与之相关。这是因为,一切具有普遍理性意义的东西还必须对所有人有效。但是,基督教神学仅仅对基督徒来说是真理。在这两种情况下,主题是相同的,但是,理性神学的任务是纯粹从普遍人类理性中产生出神意识(consciousness of God)。这也是基督教伦理学和理性义务伦理学之间的关系。为什么思考基督教伦理学命题要和理性义务伦理学而非理性美德伦理学联系起来呢?因为义务伦理学和美德伦理学被混为一谈,所以,在这两个领域中,出现了广为混乱的事情。美德这个概念指的是某种内在的东西,某种内在的禀赋,它通过行动而显明出来,因此,它是某种永久、不可改变、一直在身边的东西。义务必须处理的是特殊行为;因此,与美德相比较,它关注的是外在的东西。义务为以某种方式和形式采取行动所需。当集中谈论特殊时刻中的问题的时候,义务正好适用。基督教伦理学的命题像神学命题一样仅仅表达可以在特定的显现中观察到的基督徒意识。以特殊的方式显现道德内容的一直就是行动,以这种个体性来研究的基督徒意识就是基督徒的良知或基督徒的道德情感。就这一点,我们必须予以关注。因此,基督教伦理学命题必将表达具有决定意义的基督徒道德情感。

从上述可以推论出义务论必将在伦理学中占据主导地位,但是下文将详细论述之。比较基督教神学与理性神学、基督教伦理学和理性义务伦理学要以主题和方法上的统一为预设前提;因为我们不会将上述两个方面等同,所以这种比较还以主题和方法上的差别为预设前提。这里的问题是在主题和方法上是否蕴涵了统一和差别。

理性神学和基督教神学的主题是神。各自的方法则不同,前者是一种理性建构,而后者则在特殊的基督徒意识中找到起源。主题上的统一并不完美。在理性神学中所谈论的神并不与基督教神学所肯定的内容统一。确实,自然神学关于神所确定的一切部分地以基督教神学为预设前提,部分地是将之推到一边。理性神学并没有走得太远,它从普遍出发确立神人关系的形式。基督教神学以基督徒意识为起点。基督教神学具有根本的个体性以及历史性,而在哲学中,这些并不是必不可少的东西的代表。主题统一的两种伦理学具有什么样的处境呢?我们已经澄清方法上的差别。基督教伦理学仅仅以基督徒为目的,它所谈论的仅仅是基督教原则推动人采取的具体的行动。

如果基督教伦理学的确仅仅局限在一切源自于基督教会中的基督教精神的东西之中,那么,这里的问题是,与此同时,它如何可能包括整个人类的生活,后者包括的并不完全是个体与基督教会之间的关系。如果一个人回顾过去,指出耶稣说过"我的国度不属于这个世界",他下结论说,所有与这个世界相联系的行动都与基督教伦理学无关。如果我们说,在有些关系之中,我们必须从基督教伦理学出发决定我们的行动,在其他关系中,我们则从理性伦理学出发决定我们的行动,那么可能有的冲突就会出现。如果我们想以另外一种方式解决这个问题,说基督徒的行动,甚至是在国家之中,应当一直受到基督教伦理学中的规范的主宰,这种规范必须扩展自身覆盖这个世界,那么,这种可能会有的冲突才会被抛弃,我们才会有权利说:主题完全相同。但是,这明显为所有的滥用重新开启了大门,这种滥用源自于如下事实,即基督教会声称在世俗事务上具有权威,罗马天主教和新教之间的对立也不能反对它。基督教伦理学还应当指导并主宰世俗事务,但是仅仅限定在属灵意义上(因为政治家从来都是违背基督教伦理学来行动)。基督教伦理学应当确定它自己的决定和原则高过人类生活中的一切事情,但是,基督教会应当运用的权威仅仅是圣言;一旦这种决定染上世上的思虑,各种滥用就会产生。

在《神学研究简明纲要》中,施莱尔马赫主张:许多被称为理性神学的东西,在真正意义上不过就是基督教神学中的要素,正如许多被称为理性义务伦理学的东西,不过就是基督教伦理学中的因素一样。这些观点与如下主张联系在一起:有许多伦理学体系想以哲学为根据,但是,经过最终的分析,它们完全建立在道德情感之上。这对于英国伦理学家们来说尤为确凿,而法国人和德国人已经紧随其后。它⑥不是哲学建构,而是将基督教伦理学的独特形式转变到哲学领域,因此难以得到承认。理性义务伦理学应当对于所有人都具有普遍有效性,但是欧洲人的道德情操不同于新西兰人的。在基督教世界中没有人会将他试图纯粹从人类理性中获取的道德情感从他的基督徒情感中分割开;因此,在理性义务伦理学中,属于纯粹基督徒情感的内容还是如此深入地进入到这类体系之中。在理性神学和基督教神学之间的关系上,同样两者并不完全吻合。这里的问题是:在理性神学领域,没有一个有意识的人会追溯到最初的基督徒意识,尽管那样,我们若无基督宗教这一事实,从来不能根据纯粹理性建构而谈论的东西也进入到理性神学之中。

---

⑥　根据上下文,这里的"它"指代"理性义务伦理学"。——译者

## 作为行动原则的神意识

现在,就这两个学科之间的分离属于偶然来说,我们费点口舌来谈论一下。基督教神学命题的独特性就是,就它们阐明最高实在来说,它们表达了基督徒意识。基督教伦理学命题则表达基督徒意识,而这种基督徒意识自我表现为道德情感。这些并不是什么不同的解释。一个人可以不费力地设想两者中或此或彼以严格的概念组成复杂的命题。如果我们回到那个神学和伦理学尚未分开的时代,那么,上述解释似乎就不合适了,我们可能会得出这样的结论,即这种同一从来没有发生过。但是,因为我们认为这两个学科的分离并不是必然的,而仅仅是出于偶然,很明显,这里的意思是说,其中一个学科的命题必定类似于、同质于另外一个学科的命题。这就是说:当我们认为基督教伦理学表达基督徒的道德情感的时候,这并不是说神意识到因此应当被排除在外;相反,基督徒道德情感的特征恰恰是:行为原则应当仅仅是神意识。就基督教神学来说,我们认为基督徒意识总是包括基督徒的行为原则。例如,如果我们坚持基督徒意识中那些肯定神的属性的命题,那么,的确,我们必须从如下事实出发,即只有在与行为原则的关系中,这些命题才总是可以为人所理解的。但是,如果我们哪怕仅仅建构一种联系——例如,神的全能和神的爱之间的联系——那么,我们必须认为,这种联系会导致对神的信靠,而这已经是一个行为原则了。在基督教领域之中,在形式上完成斯宾诺莎⑦在哲学领域之中所完成的事业,即视一切为伦理学,这必定是可能的。正如伦理学已经出现在神学之中,神学也可以出现在伦理学之中,尽管不是全然如此。

因此,在最精确的一致性上,我们必定想象出,阐明最高实在的基督徒意识以及蕴涵行动来源的基督徒意识是完全同一的。但

---

⑦　斯宾诺莎(Baruch Spinoza, 1632—1677 年):荷兰哲学家。——译者

是,现在我们将认识到,当我们以严格的概念将理论命题和实践命题排列的时候,在它们之中会出现更大的类似关系。

## 思想和行动同样原始地表达更加原始的倾向

我们已经讨论的一切一直留下这样的印象,即这两个学科之间具有等级关系,教义学具有主导地位。因为正是教义学第一个在智性中发展起来的,所以就历史现象来说,还有些东西可以谈。道德同样已经获得自治,但是教义学一直被视为预设前提。但是,这种印象对主题是有害的,因此并不直接有效。这里的缺点是:我们知道,教义学目前属于我们的教义神学,但是,在我们的教会中出现了多少对立的理论啊。在基督教伦理学中,如果人们必须求助于教义学,那么道德将卷入到这些教义学争论之中。但是,我们必须主张在道德上还存在着种种差异,它们独立于教义学目前所屈从的那些差异。相同的道德原则甚至可以和不同的教义学体系联系起来。(上文引用的例子有信靠、全能、爱,它们可以带来这样的印象)这里的关键点不是说,为了信靠神,必须具有诸如此类的教义。的确,只有在原始意识形式中,而非在教义发展中,我们才的确具有基督教信仰。这就是说,先有基督徒生活,后有基督教伦理学。确实,人们会认为使徒们已经带来了基督教的方向,而基督徒生活就从中兴起出来。这是不可拒绝的。但是,在这种情况下,基督徒生活已经存在于使徒们身上。那么,基督徒生活是如何缘起的呢? 它以基督教信仰为预设前提,但是,仅仅就基督教信仰先于基督教神学而言才如此。原始的基督徒意识确切地说就是基督教信仰,它所有的两个方面并列存在,一个以思想为指归,一个以行动为目标。

如果我们抓住摆在我们面前的基督徒意识的话,我们可以从非常普遍的方式证明基督徒意识中的这种同一。现在的问题是,思想和行动是如何缘起的? 在这两者的情况下,我们认为人首先生活着,其次生活在周遭的世界之中,与之合一,而世界对人发挥作用。生活中任何特殊的环节一直是由这两大要素所构成,但是,那些流入思想中的东西完全与那些流入行动之中的东西是同一的。严格地说,原始意识与这两者并没有什么关系。若无生活就不可能有感觉,正如若无对事物的影响力就不可能有感觉一样。两者中的任何一个——也就是说,要么是思想,要么是行动和行为——源自于影响力,源自于生活。影响力将两者中的任何一个为处境做好准备,由影响力来推动,要么将它捕捉住,要么挣脱它。逐渐地,我们在这里阐明的生活中的高级领域同样如此。包括神意识的生活作为冲动或倾向,而非作为思想成为预设前提。如果人们想象任何关系中的一种影响力,那么,直接结果就是思想和行动。当我将要表达的东西还原为有效根据的时候,影响力就是思想;当我在其中发现行动召唤与神的旨意一致的时候,影响力就是行为。思考一下安德烈和约翰第一次与耶稣相遇。首先有神的影响力,接着思想和行动就从中产生出来。这里的思想就是我们已经找到了弥赛亚;这里的行为就是他们开始与耶稣交通。这两者所由之从出的原始意识表现为神是救赎主。思想和行为同样源自于此,但是彼此并不相互依赖。两者与原始意识距离相等。因此,如果我们想更加近乎完美地澄清我们的特殊命题,将它们追溯到原始来源,我们绝非回到教义学命题,而是回到构成这些特殊的教义学命题之基础的原始来源。

## 严格的"教义学"形式必不可少

但是,选择最严格的教义形式是回到基督徒意识的最精确的方法。以这种方式进行的方案已经彻底偏离了惯有的路径。这种方式和方法存在于基督教伦理学对基督徒生活的描述之中,但是,基督徒生活并没有纯粹地显示出基督徒意识。它还一直包含着不完美。如果我们必须表现基督徒意识,因为我们不得不从它出发,那么,我们必须理解我们所指的是原始条件下的基督徒意识。在这种情况下,我们通常有可能通过观念来表达它。因此,我们打算选择没有偏离的教义学形式。

在将基督教伦理学同化为理性伦理学上，惯有的路径自有其优点。如果我们认真研究圣经，那么我们在那里会发现，根据形式质料论，在理论命题和实践命题之间并不存在差别。两者以同样的方式、类似的形式得到阐述。因此，我们还必须坚持这一方法。任何打算将基督教神学还原为哲学的人可能而且还会将基督教伦理学还原为哲学。任何只打算做其中一件事而不做另外一件事的人是不连贯的。施莱尔马赫并不想做其中任何一件事。基督教会中的观念必须引导、主宰整个事业。在最近的过去，我们全部的神学发展已经包括这样的想法，即这种观念是无关紧要的。这可以在新教和罗马天主教之间的对立之中找到根源，但是从教理书籍中所研究到的东西来看，这并没有必然性。

## 圣经中的道德运用

我们确定基督教伦理学应当仅仅显示基督徒生活。在此之后，我们该如何确立：我们在基督教伦理学中采纳的一切实际上纯粹表达了基督教原则呢？在此我们仅仅作出如下回答：我们必须以合乎圣经为标准来确立这一点。作为新教基督徒，我们相信圣经是权威标准；这种回答可以在这里找到它的根据。实际上，我们在此发现基督教伦理学和基督教神学各自在方法上存在着意义重大的差别。同样的一批在教义学著作中运用大量圣经经文的神学家极少会在讨论道德上诉诸圣经。为什么会这样？道德要比神学关怀更加弃圣经于不用？情况并非如此。的确，那个圣经时代的社会关系完全不同于它们现在所有的样子。不得不去抵制的致命错误不再在我们身上发生，在那些赋予其他规则以价值的事物上，情况也同样如此。这个问题在那里存在着——并不归因于不足，而是归因于不可以运用到现在的处境之中。在此，*ignara ratio theologica*［忽视神学原则］在半路上会与我们相遇。如果我们不能直接运用特殊规则，那么，我们具有一般原则，我们可以先在我们的处境中运用它们,接着以圣经经文加以确证。通过类比的方法我们可以制定出可为我们所用的特殊规则。因此,我们不需要跳越到哲学领域,后者将一直在形式上,但是不在质料上,主宰基督教神学和基督教伦理学。但是,我们在起源上会从什么地方得到质料呢?智性上严格的方法需要质料要连同形式一起形成,两者都源自于同一个事物。将它的起源追溯到圣经最后肯定了这种方法。这就是我们必须将我们的路径和理性伦理学区分开的方式。我们在根本上诉诸的东西就是纯粹的基督徒生活原则,我们发现,它显现在基督徒生活本身之中。在发现这一原则之后,我们将能进行全面的分析工作了。以这种方式,我们已经为哲学方法中的规则预设了惟一严格的形式。我们必须间接地诉诸任何思辨和理性的东西。

## "讨神喜悦"与救赎事实之间的关系

上文认为,我们所能认识到的仅仅是新教教会伦理学,但是,现在,有人据此提出一个基本问题,我们必须首先加以解决。因此,甚至在这里,我们必须回到由宗教改革运动重新确立并作为基督徒生活原则的东西,回到"个别"的新教基督徒意识。但是,再一次,这是基督教伦理学和基督教神学的共同点,但是它们并不是相互依赖的两个学科。如果我们选择仅仅坚持为一切教会所有的共同点,那么,实际上获得的仅仅是一个非常模糊的结果。但是,我们必须确信我们能够宣布在每个个别命题上存在着差别,以至于这种差别意识一直与我们同在。

在那些使新教和罗马天主教道德分离的东西之中,有什么可以视为共同基础的?我们将要事先假设在教义学领域以及在道德领域中造成分离的根据之间存在着密切联系。但是,我们尚不确定这种联系如此统一,以至于教义学和道德必须要有统一的表达形式。我们现在试图解决这个问题,为此必须回到共同点。如果我们不希望在此过度努力并再次接受所有与如下任务相关的东西,即建构本真意义上的基督徒的本质，那么，我们以此作结：所有基督教教理的共同要素是承认借着耶稣得拯救，而且若无这一事实，就不存在基督教教理。现在的问题就是：这个事实在一般意义上对基督教伦理学产生出什么样的影响？这一教理是如何缘起的？在这里，我们必须回到最为普遍的宗教教理特征，即我们必须同意，当伦理学显明并认可讨神喜悦这一活动，并因此建构这种活动的时候，伦理学就是宗教。但是，现在，我们应当如何从这个方面来认识藉着耶稣得救赎这一基本事实？我们很容易就表明它以双重的方式发生。首先，人们认为：承认讨神喜悦独立于藉着耶稣得救赎这一基本事实，但是在这个事实中，基督教已经支持实现讨神喜悦这一行动，在基督教之外则难以找到这种支持。基督徒的这一基本信仰⑧对建构伦理学有影响吗？不，这是因为，除了建构合乎正当和善的观念的整个人类活动领域之外，没有什么要自在和自为地对伦理学负有责任。如果承认神的旨意一直先于拯救而存在，那么在建构伦理学上将不会有任何变化发生。它最多对禁欲主义有一点影响。在此我们会再次回到将基督教伦理学还原为理性伦理学的做法。人们以此预设为起点，应当会放弃打算建构基督教教义学，而仅仅增补个别的教义学命题，并将之作为附录。现在的问题是：另外一种命题是否可能呢？我们尽其所能地提出如下看法："讨神喜悦"的观念本身已经以另外一种方式通过神在基督位格中启示这一事实而凸现出来，坚持神在基督中启示自身也就显示出"讨神喜悦"的思想。在这种情况下，非常明显，必须要有基督教伦理学。确切地说，继续在基督教会中呈现为基督徒意识的东西是什么？如果我们以基督自身为出发点，那么，他最确信地认为只有借着与他交通，我们才能够认识神，他宣告在他之前我们并不认识神的旨意。

---

⑧　指"借着耶稣得救赎"。——译者

## 以超人的方式表现基督位格的伦理结果

上述的确是清楚明白的。但是,那些从另外一个预设出发的人提出第二种解释:因为基督对神的认识在那个时候尚未为人所用,所以他是正确的。他跟他的百姓说话,但是在他们之中尚未有人认识什么叫做讨神喜悦;外邦人同样不知道这一点。许多人主张:基督教伦理学所需要的仅仅是同化为已经为人所有的东西(斯多葛派)。基督已经显明哪些东西属于神和神的旨意。若无基督,那么要到更晚的时候这一切才会为人所知。因此,我们也是这样认为的,但是,现在有人加上一个附录:在我们已经思考基督关于神的教导与人类理性多么一致之后,放弃历史因素以及仅仅以人类理性为基础就是自然而然的事情了。接着,放弃基督教伦理学,解释其中出现的一切属于纯粹理性的教导的时代就来临了。现在的问题是:还存在着另外一种有关基督话语的解释吗?一个人能在两者之间作出抉择吗?只要理性尚未达到自立的认识,那么非常明显,基督的道德教海必须被视为仅仅属于他自己。但是,假定在理性已经达到这样的自我理解之后,基督教伦理学就毫不含糊地将之解释为理性指导了。因为智性对放弃它惯有的形式保持沉默,这种情况就会发生;甚至现在在实践上,在引导灵魂保留这种形式上,还存在着某种智慧。但是,非常明显,另外一种解释是可能的。一旦我们承认基督的道德规定在他之前既不为犹太人也不为外邦人所有,承认只有和基督教联系起来才会有这些规定,那么,我们可以正确地肯定:人类理性凭借自身不会获得这些道德规定,如果人类理性现在要获得它们,那么,我们只有归因于基督已经对人类理性施加了影响。这都依赖于人们具有什么样的基督位格观。如果人们坚持纯粹自然观,那么他们必定会说:基督所提出的仅仅是人类理性在稍后阶段也会发现的东西。但是,如果人们认为真正的东西和基督位格一起并借着基督位格已经进入人类本性之中,那么,某种原先在人类本性之中并不存在的东西,某种甚至现在仅仅在坚持与基督合一中才会出现的东西已经出现了,那么,他们必须承认人类理性凭借它自身的力量并不会有这些东西。因此,特殊的基督教伦理学的存在随着基督位格这一超人观念而或起或落。从纯粹自然主义的基督教观点来看,追求独特的基督教伦理学一直是自相矛盾的,将之转变为纯粹理性的教导通常才前后一致。

的确,基督教伦理学与基督位格联系在一起,但是,它还与被视为共同体的基督教会联系在一起。它只有在基督教会中,为了基督教会才能真正有效,它并不以普遍约束的方式来解决行为问题。确实,它将显明人们在基督教会中是如何以合乎教会精神的方式对待它的。因此,它就是特殊共同体的伦理学。这是一个独立的观点,但是,我们很容易就认识到它与已经论述的内容之间存在联系。如果理性达到它可以独立地形成这种观点的程度,那么以基督教的形式来解释伦理学就是矛盾的;但是,呵护像基督教会一样的人类共同体也同样是矛盾的。基督教信仰努力呵护基督教会。将基督教伦理学转变为理性伦理学仅仅与瓦解基督教共同体的做法联系在一起,反之亦然。基督教伦理学因此以启示事实为基础,但是仅仅对于教会共同体才有效。

## "道德"和"教义"上一致的错误

走笔到这里,我们现在可能讨论如下问题:独特的新教基督教伦理学是如何成立的? 我们首先仅仅从历史研究开始。如果我们注意到基督教神学和基督教伦理学之间存在着平行关系,那么,我们在基督教神学发展史中会发现许多被称为"异端"的东西。基督教伦理学又是如何成立的? 存在可类比的东西吗? 在这种类比中有特殊之处吗? 我们必须否定第一个问题,因为我们可以仅仅以历史的方式来对待这个问题,在这种情况下,我们从基督教共同体中找不到任何在基督教伦理学中因为偏离而激发出的类似的谴责。这确实意味着基督教教会作为一个整体已经对道德上的偏离抱有耐心。但是,不可否认的是,在教义学上不属于异端的东西会对道德产生影响。

在《基督教信仰》⑨中,施莱尔马赫否定异端,反对伊便尼派和拿撒勒派⑩、摩尼教、伯拉纠派、幻影论派等异端。

(1)幻影论派⑪——也就是说,各种否定基督人性的基督位格论——在伦理学上禁止求助于以耶稣为榜样。因为基督的行动不属于人,它就不能成为人类的榜样。只有类似的东西才能成为榜样。基督完美论并不需要其他任何属于人的东西,但是这种论点将会转变。如果我们回忆起,在使徒书信中基督被设立为榜样,回忆起基督为他所有的信徒设立他自己最内在的禀赋为独特的标记,那么,我们可以恰当地得出结论,并因此已经证明,幻影论派与圣经对立。尽管如此,这种教导已经不知不觉地传播甚远,甚至波及到我们自己教会中的民众之中。人们还会极为寻常地发现,否

---

⑨ 参阅本书题为"为快乐或痛苦修正的行动冲动"的一小节。

⑩ 拿撒勒派(Nazarenes,Nazarene,Nasorean):早期基督教派别。因产生于拿撒勒,故称。1、2世纪,出现于巴勒斯坦地区;4世纪,相继流传于叙利亚地带。其领袖可能就是耶稣,因此,保罗曾被称为"拿撒勒教党里的一个头目"(《使徒行传》24:5)。基督教在未脱离犹太教成为一个独立的宗教以前即以"拿撒勒派"的形式进行活动。倾向于犹太教的温和派集团。主张既信仰基督,又继续持守摩西律法。继承整部《旧约》,使用亚兰文写成的《希伯来人福音书》(已佚)。哲罗姆自称曾将此书译成希腊文和拉丁文,并摘引书中所载耶稣复活后向其弟兄雅各显现的故事(今本福音书未载此事,但见于保罗《致哥林多人书》)。4世纪叙利亚教父伊皮凡尼乌亦曾提及此派。4世纪以前叙利亚的犹太派基督徒被称为"拿撒勒派",该派既信仰耶稣为基督,又强调持守律法。到中世纪,拿撒勒派又成为阿拉伯人和犹太人对基督徒的泛称。——译者

⑪ 幻影论派(Docetists):早期基督教派别。一称"幻身派"。该词源自希腊语动词 *dokein*,意为"似乎"。故有学者认为该派可称为"似乎派"。认为基督的肉身只是一个幻影并无实体;他的降生、受苦和死亡都只是幻象,而非真实。该派的起源不清楚。其存在的一些象征可以在《新约》中找到。其代表人物如加略人犹大(Judas Iscariot)和古利奈的西门(Simon of Cyrene)认为基督在十字架受死前奇迹般逃避死亡。大约于70年出现;2世纪流行并达到顶点,在诺斯替派或灵知派中尤甚。安提阿的主教伊格纳修(Ignatius)曾经加以谴责,伊理奈乌(Irenaeus)和德尔图良加以详细批驳;后消失。其后偶然出现的该派,为摩尼教和清洁派(Catharists)等宗派的联合产物。——译者

定基督的人性已经和基督神性论联系在一起。我们认识到,我们还不得不捍卫许多东西。确实,对于我们来说,如果我们总是能够回归圣经,那么消除这种教导应当是比较轻松的事情。

(2)伊便尼派⑫已经明确地倾向于让基督教伦理学屈从于理性伦理学。如果基督和其他人之间的特殊差别被抛弃,同时,因为一般来说人类精神已经明显地增长了,所以这必然推论出基督占据的地位变低了。有人会远远超越于他那一代人,但是最终一个时代还会来临,到那时候甚至那些与所处时代并不有什么差别的人会取而代之,尽管他远远不同于他所处的时代。因此,我们必须认为,一般而言,无论人们在什么地方找到让基督教道德包容在理性道德之下的倾向,他们也就找到了无意识地服从于伊便尼派和拿撒勒派的基督位格论的倾向,而基督和所有人类之间特殊区别中所蕴涵的根本性力量抵制这样做。在这方面我们比罗马天主教会站立在更安全、更可靠的基础之上,因为在我们整个的教理和实践体系之中,我们比罗马天主教会更加易于认识到基督的特殊表现。

(3)摩尼教以人类之中的自然二元主义为基础,因为它认为恶是与善对立的一种实在,是最大可能的结果,与善同样原始和具有权能。在人类之中,只有根据善或恶的力量之大小才能解决善与恶原则之间的争战。与此相应,在人类中善无法战胜恶。当这种

---

⑫　伊便尼派(Ebionites):早期基督教派别。又译"伊比奥尼派"。"伊便尼"源自希伯来文 ebyōn 或 ebionim,意为"穷苦人",故又称"穷人派"。1—4 世纪,流传于巴勒斯坦地区,盛传于约旦河东岸。倾向于犹太教的激进派。主张禁欲苦修,凡参加基督教者,不论是犹太人或异族人,都应恪守摩西律法和礼仪;对基督的看法接近嗣子论,将基督的位格"还原"为一种效果,例如是约瑟和玛利亚所生的人子,圣灵在耶稣受洗时以鸽子的形式降临在他身上;承认耶稣是弥赛亚,但否定他是神和童贞女所生;只承认用亚兰文写的《马太福音》(已佚,与今传本可能不同),据说该派拒绝保罗书信;尊耶路撒冷为上帝的圣殿。因保罗反对遵守犹太教的礼仪而认为他是叛教者,后其信徒大多成为基督教诺斯替派或灵知派。该派之事始见于伊里奈乌的著作,据说迟至 4 世纪该派仍在活动。他们从巴勒斯坦移居外约旦和叙利亚,后在小亚细亚、埃及和罗马也有该派信徒。500 年左右消亡。其大部分教义来源于《死海古卷》中所载更古老的库兰教派。——译者

观点不断地进行下去的时候，它摧毁了一切对人类道德的有目的的影响。在这种情况下，有人成为不能战胜恶的人；因此，对于他们而言，万事就是徒劳无益的，而其他人则一无所需。这在伦理领域中带来了消极性。严格地说，这否定了整个基督教伦理学，因为我们既不能谈论基督教的外在影响，也不能谈论内在行为。那么，仅仅能谈论的就是基督教会的存在，而不是基督教会的行动。在此我们必须说：就摩尼教寄宿于理论之中，潜入进神学来说，同样，确立基督教伦理学成为不必要的东西了。摩尼教取代了基督教。罗马天主教会重视教会观，以至于正是出于这种原因，与之对立的摩尼教的理论得不到滋长。就教会观所显明的来说，摩尼教一出现就激发出最强烈的反应，这是历史事实。我们的历史指明，在过去，教会观并没有足够强烈地坚持抵抗。这就是我们必须反对摩尼教抬头的全部原因。

（4）伯拉纠派培养出高度肤浅的道德，两者一直紧密地联系在一起。一方面，它承认人类理性是不完美的，但是，另一方面，又承认人类理性不是绝对无能力的。神的恩典仅仅是充分利用理性所固有的力量的一个来源。因此，情况一直是这样的：只有不完美的东西出现。在此，再一次，这种偏离所包括的原则就是反对基督教伦理学的发展，并抛弃理论和实践之间的区别。如果理论不是努力成为某种绝对的东西，那么它必然会被抛弃，也就不会有实践可言。现在人们会问：伦理学仅仅对于特定时代有效，这种观点可能已经被否定了吗？但是，这仅仅意味着理解基督教真理一直限定于特殊的时代。不可否认的是，伯拉纠派的种种倾向与伦理学上的松懈一直是平行不悖的。这些偏离可以在基督教会所处的不同时代所有的特殊形式中，甚至可以在西部教会大分裂时代找到。

## 宗教改革中与伦理相关的原则

新教伦理学富有特色的原则是什么？非常明显，不是持续不断地反对异端的斗争，因为我们甚至在罗马天主教会中也会发现这一点。但是,现在,通过形成这种对比,有某种东西可以被固定下来,以此新教伦理学可以精确地区分于罗马天主教吗?正如我们现在所熟知的,整个争论所围绕的核心是因信称义教理,它包括有关外在事工是有价值还是无价值的争论。非常明显,对于整个伦理学思想来说,这是一个构成原则。第二个核心则是抛弃教会中命令者和服从者之间的差别,确立在基督和神的圣言之下人人平等的原则。这两个方面彼此紧密联系。说罗马天主教会相信借着外在事工可能决定人类价值,这是完全不正确的。确实,有些人教导这个观点;但是对于其他人来说,这种事工表达了内在禀赋,而且这种禀赋必须源自于对教会的服从。如果这种禀赋是不正确的,那么它并不归于教会。因此,冲突不能追溯到禀赋,而是要追溯到教会。在新教中,因为教会是我们共同服从基督自身的地方,所以我们不知道要服从教会。我们由此可以自主地推论出一切应当制定成为基督徒生活规则的东西仅仅源自于基督,源自于圣经。但是,由此我们还可以推论出,就人们确信正当源自于圣经来说,这些要求对于每个个体来说都具有约束力。在罗马天主教中,一直在平信徒之中,这一点被服从教会、诉诸教会权威所取代。确实,全部的差异尚未完全清楚明了,但是我们提出如下问题:罗马天主教中的命令源自于何处,这些命令的准则是什么?这显然是一个问题。对于平信徒来说,只有服从于教会,而且道德完全依赖于此。对于平信徒来说,不可能有伦理学。他们拥有的是教会的命令。但是,这些命令来自于何处呢?它们难道不可能以正确的方式或以错误的方式形成?基督教伦理学的任务仅仅是寻求如下问题的答案:对于教会命令来说,什么是正当的,以及什么又是不正当的?对于我们来说,凡正当的就是每个个体对自己的要求。在罗马天主教会的处境之下,在神职人员和平信徒之间存在着鲜明差别,基督教伦理学必定一直是一个不可思议的学科。否则,神职人员的权威被摧毁,或者平信徒不再求助于神职人员。罗马天主教会如果想保持一致,那么就会拒绝全部的伦理学学科。

## 关于恰当的圣经解经学上的冲突带来的益处

罗马天主教会,在与神学和伦理学相关以及与教会政体⑬相关的事务上,并不仅仅回溯到圣经,而且将传统置于与圣经平等的地位。传统来自于何处? 传统出自于神职人员之手,为了使它与圣经平起平坐,他们必须认为传统是神所默示的。因此,神职人员以教会的名义,在默示的实际帮助下,形成了他们的命令。在此我们认识到,在基督教伦理学上,新教教会和罗马天主教会之间存在着差别。正如我们的基督教神学一样,我们的基督教伦理学是关乎源自于圣经有关善的复杂教导。对于所有教会人士来说,情况同样如此,在主动创造和被动接受之间、在颁布命令和服从命令之间并不存在任何差别。发布命令的权威一直仅仅是圣经。如果圣经是惟一的权威,那么,我们必须下结论说,根据我们的教诲,在罗马天主教会中以不同方式解释的一切均违背圣经。我们认为,在伦理学中以及在神学之中,一切均同样端赖于此。众人皆知,在我们的情况下,神学一直遭受解释不确定之苦,这是因为检验用的经文(proof text)易于受到各种解经学(exeyesis)的怀疑。除非我们认为我们肯定如下观点,否则的话,我们在基督教神学领域无法迈出一步:只有出现完美的解经学,神学才会完全得以完成,也就是说,它必将一直处于进化之中。

基督教伦理学与圣经的关系又是如何的呢? 在本质上,我们没有理由认为这种关系有什么不同,但是在基督教伦理学的表现上,经证明又有所不同。不可否定的是,在新教教会中,关于道德的争论也在兴起。在关于道德规定的争论上,像在神学中一样,人们通常并不诉诸圣经,而是更多地逗留于理性领域。如果我们认真地检验问题,我们必须承认新约并不像参与教义学一样参与道德争论,因此在这种情况下,极少有资料会引起解经学上的差异。但

⑬ 指教宗制。——译者

是，如果我们转向圣经中的个别表达形式，我们的确会发现在这些表达形式和我们自身语言的表达形式之间存在着如此大的不连贯，以至于不同的解经学出现了，不同的伦理特征就从这些伦理要求中形成。但是，这不是一个小问题。如果基督教伦理学要以这种方式达到完满，那么就解经学尚未得到推进来说，还要有争论存在。例如，考虑一下关于 *makrothumia*（忍耐）和 *hupomone*（坚忍）之间的差别吧。

如果我们考虑一下，基督教会所处的大都市环境已经如何彻底地发生了改变，不再是新约时期的景况，那么，我们不再使用许多规定，对于我们生活中的许多处境来说，我们在圣经中找不到规定，这些似乎都是自明的。当代生活在基督徒之中的非基督徒，与第一个世纪的非基督徒也是完全迥异的。就政治关系来说，绝对没有什么规定可言。因此，甚至在基督教的土地上，有关政治和道德关系的各种理论已经确立起来，它们认为前者独立于后者而存在，这种情况还会发生。因此，一方面，在这里基督教伦理学的任务是提炼它的圣经方法，的确要比习惯所做的更为精确。另一方面，这个任务还以某种方式恢复在目前的关系中错失掉的东西。如何完成这种恢复工作呢？在此我们必须运用像司法中一样的解释，在司法中，从早期时代开始法律通常必须要运用于现在形成的处境之中。其关键之处是人们要么以正确的原则，要么与其他圣经规定说到的处境进行类比来正确地决定。

在神学中也存在着同样的过程。我们能够事实上严重依赖于那种将我们从罗马天主教会中分离出来的原则吗？还是说，难道我们不可以求助于其他完全不同的东西吗？重要的一点是，要正确地阐述两种处境之间的类比。在基督教神学中，我们利用我们的教理书籍；如果我们能从中拿出什么来证明什么，那么我们通常认为圣经证据是不必要的，但是没有像罗马天主教会那样将传统和圣经并列而将教理书籍和圣经并列。但是，我们的观点是，我们所承认的圣经解释与构成教理书籍中的命令之基础的东西是同一的。但是，一般而言，我们没有办法来坚持这种观点。因此，有人指控我们根据教理书籍中的圣经解释来阐释圣经,这一直是新教教会的束缚。因此仅仅就我们接受的教理书籍中的圣经解释来说,它们是有证据的。这在基督教伦理学中并没有什么不同。教理书籍并没有允许我们适当地替代圣经中并没有说到的东西,这一事实并不源自于它们已经用来直接在道德上反对罗马天主教会。这种反对在严格意义上是属于教义学的。

现在我们除了圣经之外还有什么呢?我们除了求助于圣经以及合乎解经学的命题之外,还有什么呢?如果我们还承认,基督教伦理学仅仅显明在基督教会中有效的东西,那么非常明显,我们具有一个完全不同的证据基础。在一个共同体的实践领域中真正有效的东西就是我们所谓的习俗(Sitte)。如果我们可以根据新教教会进一步详细说明习俗,那么,我们就是承认它是善与正当的准则。但是,它不能与圣经证据相分离,宣布独立,否则的话,它就成为传统了。在那种情况下,习俗还是成为一种传统,或者习俗甚至会从误解中产生出来。这在新教中有足够多这样的案例。因此,我们将一直不得不指出哪种东西是习俗,在什么程度上它是习俗。但是,我们不会将之确定为习俗而不诉诸圣经。在道德上向后参照习俗的目的不过就是:人们在个别环节上决定圣经是否赞成习俗。理解特殊教诲中这一变化多样的特征是伦理学的任务之一。

## 以描述形式替代命令形式

以新教教会和罗马天主教会之间的区别为起点,让我们问一问,我们的基督教伦理学中的特殊命题应当采取什么样的形式?首先我们认为,它们应当具有命令形式。此外,人们会认为另外一种形式可能会更加适合。因为圣经并没有清楚地称述所有的命令,所以这种方法似乎倾向于罗马天主教。在这种情况下,谁颁布命令?如果命题一直是圣经中纯洁的话语,那么,人们会知道圣经是颁布命令者。但是,命题通常是形成于圣经,接着形成者——也就是说,神学家——明显地成为颁布命令者,这绝对不要发生。教会越是过多地受制于政府力量,那么每个教会得到的支持就越少。如果与基督徒生活相关的命令出台,那么基督徒会接着认为它更多地是出自于政府力量。虽然我们没有义务要选择颁布命令为基督教伦理学的形式,但是为了将新的生命引入神职人员和平信徒之间的差别之中,这种做法也还是非常好的。除了命令形式之外,我们还在圣经中发现了另外一种形式,只有圣经具有充分的理由喜好这个而非前者。在新约中找到的这双重形式包括已经提到的(在使徒书信的警句和耶稣教诲中的)命令,以及纯粹描述性的形式,我们可以在最为关键的段落中找到它——例如《哥林多前书》第12章,在此我们找到对在道德中占据主导地位的圣爱(*agape*)的描述。这里没有命令,仅仅称述圣爱就是如此这般的样子。在《加拉太书》中也是如此,它描述了圣灵的果子(*karpoi tou pneumatos*)。从这段经文中(《加拉太书》5:16—24),保罗谴责律法,人们会进一步得出结论并认为,他所指的不仅是摩西律法——尽管确实这是主要部分——还有一般意义上的法律形式。人们必定要想到一般意义上的道德法。它在多大程度上合乎保罗的话:"你们就不在律法以下"?人们不会想到摩西律法而没有想到摩西十诫中的道德法。在这种情况下,律法的本质以及独特的特征是什么?如果没有颁布律法,律法的内容就不会得到遵守;在以此为假设前提的地方,律法才会得以颁布。我们一直假设存在相反的情况。政治中的情况也是如此。根据保罗的看法,上述一句话仅仅指的是律法的形式,而不是它的内容,那么人们会明确地认识到这句话是如何包括整个人类生活的。在圣灵所在的地方,在人类为自身结出圣灵的果子的地方,不再与律法有任何联系。对于这种人来说,律法不再存在。如果我们认识到基督教伦理学的任务就是聚集这些命题,而它们实际上是圣灵运行而来的结果,那么,我们认识到律法形式是如何不适合于律法的内容。正如保罗所说的:"你们就不在律法以下"。如果命令形式不时地在教会中形成了颁布命令的小团体,那么,谴责这种形式并坚持第二种形式就最为恰当了。如果现在以保罗为基础，我们可以确定的是，他利用命令形式，我们会发现，一般来说他致函基督教中新信徒（*neophutous*）的地方，这是自然而然的事情；对于他们而言，圣灵尚未主宰整个生活。确实，在基督教会中，情况一直就是这种样子，虽然对于每个人来说，律法是纯粹禁欲主义的，但是，至少有时候，没有人会认为律法是不必要的。我们的结论是，最清楚地表达基督教精神的基督教伦理学的形式是与律法对立的。但是，在律法必不可少的地方，人们有自由将自己或他人置于律法形式之下。

在考虑通常的实践之后，我们发现命令是居于主导地位的形式，所以，自然而然，就我们认为它不正确而言，我们要问的是，它是如何起源的呢？一方面，这种形式从人们寻求基督教伦理学和理性伦理学之间的关系中获得主要支持。这在不同的时代采取了不同的形式。在古代，描述形式通常要更加普遍。因此，在斯多葛派那里，它的原型是描述智慧的习俗，而在亚里士多德思想中，它的原型是则描绘美德。但是，在最近的道德哲学中，义务伦理学一般占据着主导地位，命令形式就在这里出现了。如果我们打算研究这种形式是从何处而来的，那么，除了以如下观点为起点之外，我们几乎不可能知道如何入手：一方面，普遍伦理学的发展已经和政治学（在此法律公正地居于主导地位）结合。历史还提供了另外一条线索：理性伦理学并不源自于科学，而是更多地源自于在普通的公共生活。借着理性伦理学这一中介，它已经通过基督教的实践以学院神学中的说教形式回来了。但是，这种实践就是传授教理，因此，伦理学就从教学实践中形成，在此甚至命令也具有天赋的地位。这里要考虑的是两个非常不同的事情。

## 在"嗣子"中克服旧约经世⑭观：圣灵时代的来临

因为我们将基督教伦理学建立在圣经之上，所以我们必须要问：圣经是什么？它仅仅是新约吗？或者是新旧约吗？或者新约是旧约的附录？人们越是承认、归属于旧约，颁布命令的形式越是占据主导地位，这是因为这种形式在旧约中有影响力。但是，在《加拉太书》中保罗的关键经文应当提供了否定旧约有权决定这种形式的根据。当犹太教是一种神权政治的时候，在政治和宗教之间存在混淆。在意识中抓住神的主要形式是政治，这是因为神被认为是君王。这种在个别之处的普遍意识的自然发展包括如下思想：神的旨意将以命令的形式出现。在基督教中，这种形式必须表现为另外一种形式，不仅仅是因为基督教放弃了特殊主义，而且还是因为基督教从一开始就完全以不同的方式认识这种关系。在基督教中，神的旨意并不像它借着基督与神的合一在我们心中兴起那样降临于我们。仅仅就每个个体和基督之间存在意志上的统一，就像基督与神存在意志上的统一一样，每个个体都处在教会之中。基督教的真正本质以及从道德来认识救赎的方式就是：神的旨意借着我们与基督的交通而在我们心中出现。因此，那种将神的旨意表现为外在事物的形式不再被认为是正确的。确实，我们必定认为，在国家之中，个体和整体之间的统一越大，法律就越是没有必要。我们越是强调这一典型的基督教立场，那么命令形式

---

⑭　经世（economy）一词在希腊文中原指"家政"，后意义扩大为规整有序之计划、工程。在基督教中有经世观，认为神是拯救人类之神圣计划的发起者与实现者。基督教的"经世的三位一体"观认为神在拯救计划施行之过程中展现出三个位格，即作为创造者和计划者的圣父；道成肉身，实现天父旨意的圣子；在人内心中作感化工作，帮助世人认识、感激与回应神的圣灵。该说的倡导者主要有伊里奈乌、德尔图良等古代教父。尼西亚会议之后"本质的三位一体"成为三一论的主流，但"经世说"仍被保留。12世纪罗马天主教神学家托马斯·阿奎那将二者结合，其学说影响深远。——译者

就越显得不合适。但是，纯粹称述的形式指的是，在每个环节上，只有根据在基督教会中主宰的圣灵，一切才会获得有效性。另一方面，我们还可以说，在基督自己留下的一段经文中，他以命令的形式赐予门徒们全部旨意，*entole*（命令）是："我赐给你们一条 *kaine entole*（新命令）"（《约翰福音》13：34）。但是，这个命令的内容是什么？在字面意义上，（这条命令的）形式不能完全运用于这种内容，这是因为内容是爱。爱是禀赋，禀赋是不能命令的。因此，这段经文要么是一种比喻，要么是一种省略，或者我们可以间接地理解这种内容。但是，不，基督想提出爱就是借此可以认出他的门徒的爱；因此，*entole* 不能从字义上去理解。如果人们仔细研究习惯用法，非常明显，这种表达形式真正地属于省略：我赐给你们一条 *kaine*（新的）——而非"全部的"——*entole*，而这种新命令要应用于所有命令之中。"你们若有彼此相爱的心，众人因此就认出你们是我的门徒了。"因此，非常明显，这句经文可以直接用来支持消除命令形式。

另外一个问题随之而来，我们想将基督教道德立于其上的圣经是什么？它是新约。排除旧约确实与基督教会的全部实践对立，因此对于基督教伦理学也是不适当的。但是，这里的问题是，当保罗说律法已经成为 *paidagogos*（教师），借着 *uiothesia*（嗣子），[15]随着基督教中人在灵性上初熟而免除律法的时候，他指的是旧约时期。所有出现在基督教伦理学中的一切所仰赖的基督教伦理学原则，就是 *pneuma hagion*（圣灵）。保罗自己说过，*pneuma hagion* 在

---

[15] "嗣子"又译为"儿子的名分"，新约中出现该词的主要经文有：《罗马书》8：15：你们接受的，不是奴仆的灵，使你们仍旧惧怕；你们接受的，是使人成为嗣子的灵，使我们呼叫"阿爸、父"。《罗马书》8：23：不但这样，连我们这些有圣灵作为初熟果子的人，自己也在内心叹息，热切期待成为嗣子，就是我们的身体得赎。《罗马书》9：4：他们是以色列人；嗣子的名分、荣耀、众约、律法、敬拜的礼仪和各样的应许，都是他们的。《加拉太书》4：5：要把律法之下的人救赎出来，好让我们得着嗣子的名分。《以弗所书》1：5：他又按着自己旨意所喜悦的，预定我们借着耶稣基督得儿子的名分。——译者

神差遣他的儿子之后，因此仅仅在新约时期之后，第一次就来临了。这种圣灵并不存在于旧约之中。非常明显，我们教会中的另外一种教义，即自人类之初的 *unitas ecclesiae*（教会合一），与这种观点对立。但是，有条件地使用这种教义并不是为了模糊基督教的本质。我们确实承认，虽然不是绝对的，旧约和新约中的经世观之间存在真正的联系，因此它们之间存在历史上的合一。整个保罗的观点谈论的就是这一点。但是，我们没有理由肯定旧约经世中的圣灵等同于新约经世中的圣灵。否则的话，不会首先由基督来差遣圣灵了。出现于旧约的圣灵仅仅指的是预言，因此它仅仅是新约中的圣灵的种子。但是，在旧约中出现的道德命题必须在基督教伦理学中阐发出来，以旧约为基础就不可以合理地解释这种观点了。但是，这不可过于扩大，以至于人们不需要取自于旧约的证据。（1）无论什么时候在新约中我们具有明确的经文，它们包括道德命题的质料，形式要更加严厉，所以一切取自于旧约的东西都是不必要的。但是，当我们在这些新约经文中发现有些东西同时扎根于旧约的时候，那么，它们要取决于对新约经文的解释。（2）如果仅仅从旧约引文，证据的质料应当出现于新约之中，那么这是新约本身的观点。因此，严格地说，我们与新约共在。（3）但是，凡不是引自于新约，而仅仅在旧约中发现的一切，是有害的，不可以接受。否则的话，全部的律法主义精神就轻而易举地进来了。

## 辨认直接明了的描述

现在，重要的事情是为了组建整体而建立一个原则。一般而言，情况是这样的：我们想描述的一切不过就是可以正确理解的基督教道德，这种秩序恰当、蕴涵整体的道德就是基督教伦理学。基督教道德就是基督教的精神，我们认为后者就是行动原则。行动表达了基督教的精神，因此与之和谐一致。

关于基督教道德和基督教伦理学之间关系，施莱尔马赫认为，所有神学学科的目的就是恰当地指导基督教会。但是，从基督教伦理学的形式来看，这里存在着一个矛盾。这是因为如果基督教伦理学旨在像它出现在新教教会中那样描述基督教道德，那么问题是：我们的伦理学描述的是现存于新教教会之中的基督教道德吗？或者是说，作为一种描述，一种可以辨认的东西，它难道是一种尚未来临的道德吗？在第一种情况下，因为人们不可能通过描述一个事物来改变它，所以作为神学学科之一的基督教伦理学的目的⑯明显已经完全丧失了。如果第二种观点，即基督教伦理学超越现在是有效的，那么，它就明显仅仅是纯粹的描述，这是因为它一直同时意味着：那就是它应当存在的方式。那就是道德在此显现的方式。

但是，如果人们更加详尽地观察第一种观点，那么非常明显，它并不完全确切。确实，当人们按照实际所是的样子来描述某件事物，它并不即刻得到改进，这是确凿无疑的。但是，无论什么时候人们授予感知以有效性，它成为一种活生生的力量，善与恶被描绘出来，那么，当感知得到交流的时候，存在于感知之中的活生生的力量就会被唤醒。伦理学的目的，即指导灵魂，因此并不是丧失，而是说我们必须这样来认识描述，它既可以精确地显示错误，又可能感知到差别。因为错误依然存在，我们尚不可完全主宰出现于伦理学领域之中的东西，所以，当道德以这种方式来安排的时候，辨别的恩赐已经存在其中。在基督教会中真正道德的东西在基督教精神中找到它的根基。错误的基础存在于什么地方呢？在圣经所谓的"情欲"的地方。但是，这也是基督教精神应当主宰的对象。因此，人类行动中的某个部分还在情欲中找到基础，也就是说，情欲尚未屈从于圣灵。当我们描绘圣灵的活动的时候，我们还要描绘这种活动如果得到进一步发展的话是如何得到塑造的。这确切地说就是辨别。如果我们坚持我们前面提到的形式⑰的话，根据作为神学学科的基督教伦理学的目的——也就是说，恰当地指引

---

⑯　指"恰当地指导基督教会"。——译者
⑰　指"描述形式"。——译者

教会——我们什么也没有丧失。但是,我们能够确信现在不完美的道德处境不会影响我们的伦理教导吗?我们不能确信,正如我们已经论述过的,因为每种基督教伦理学仅仅受当下特殊的时代所决定。但是,为了要做每件事情——只有在表现本身源自于时代的地方,每件事情才会完成——就要调整我们的描述以便基督教道德领域中的对立完全显露出来,而且我们必须不断地准备好检验我们的描述与这些对立是什么样的关系,这是必不可少的了。这里的问题是:通过在大多数情况下排除这些对立的表达式,尽可能多地为每个时代确定这些对立。接着,至少在描述自身之中,我们获得了检验表述的标准;它至少要包括改进的种子,即使这些种子并没有即刻显示出来。

## 思考伦理学历史

在基督教神学中,自它与基督教伦理学分离以降,两种不同的路径已经区别开:一个描述、安排基督教教义,一个描述基督教历史。这种分野绝非那么一般、那么完全,以至于两者在许多教义学著作中并没有结合在一起。在基督教伦理学中,这种分离尚未落实于实践。正如基督教道德本身是一种历史生活一样,对道德的反思——也就是说,伦理学——还应包括它自身历史在内;若无这种历史,那么充分地理解它的教导就会不可能。因为大多数教理是在冲突之中形成的,非常明确地留下这些踪迹,所以这一点在教义学中更为瞩目。在基督教伦理学中,这种情况则尚未如此完全清楚明白,但是,确实,人们必须承认,每个时代的伦理学有赖于历史处境。这是因为,为了显明对内在禀赋的反思是教导,这种反思就其本身而言并在本质上被模糊不清地引向整体;但是,像这样的情况实际上从来没有发生过。但是,如果我们观察各种时代的变革,那么正是个别的关键点先于变革存在,而且这正好存在于历史之中。这类关键点就是基督教的命题,因此它们依赖于历史处境;若无这种处境,我们就不可能理解它们。在此历史尚未如此孤立,以至于它可以被处理为一个不同的主题。因此,在这些关键点上,在此阐述教导尤为需要一个历史处境,回到历史处境就不失为一个明智之举。

## 冲突中的净化力量

当特别研究我们所描述的新教伦理学的特征的时候,我们还必须作出进一步的区分。如果我们回归到基督教的开端,那么,我们认识到它将自身描述为一种新生活。因此,即使它的这种任务就是从这种新原则出发塑造出一种新的道德生活,但是,反对基督教本质的东西被携带入这种生活,这是自然而然的事情。早期教会的处境就是它极大地推动认识矛盾。如果说教会仅仅包括犹太人,那么认识到这种冲突就不是一件容易的事情;但是,如果教会包括犹太人和外邦人,那么各种冲突就非常显而易见。这可以运用到新教教会的诞生上。在新教教会反对罗马天主教会的斗争中并没有这种表里不一。新教教会不得不将它的会众从原来的共同体中带出来,因此,错失了净化的斗争。因此,自然而然,在人们认识到有许多事情与新教教会的精神对立之前,它们长期没有得到改变。因此,我们决不承认新教伦理学在新教教会最早期建立的要素是最完美的。确实,只有对于那时候直接通过冲突而进入意识的东西,上述说法才是有效的。但是,那些未经冲突而保留下来的东西不能马上被认为是最纯洁的。因此,我们必须将那些较早期被确定为正确的东西描述为错误。对于在宗教改革之前存在的东西,以及对于那些被带入进新教之中的东西,情况也是如此。如果我们思考新教教会的真正本质,那么,一方面,我们必须警惕不要根据每件事物是否需要修正来思考它,另一方面,我们必须承认,甚至在宗教改革时期,其他矛盾也会兴起而反对有效的东西。这些矛盾源于于狂热的失常,源自于各种错误,即误判基督教原则中的独特特征。从一开始,新教教会真诚而不断地斗争着,试图将自身从上述两个方面中分开。但是,许多事物已经进入新教实践和教导之中，后两者已经和这两个方面都有着积极的关系。这种历史因素实际上外在于新教教会而存在，是当我们进行描述的时候身边一直拥有的次要事物。从描述来看，这些东西才是我们必须一直要关注的主要要点。

## 自我表达行为和有效行为之间的差别

基督教精神的典型特征是涵盖整个生活的行动原则。但是，马上就有反对观点提出来与之对立。人们会说，基督教的独特本质并不存在于行动之中，而是存在于安息（Ruhe）之中。这还是我们神观念的一个部分⑱，因此，与神同在的共同体应当也是一个具有神的安息之特征的共同体。神的活动是创世，自此以降，神的存在已经显明为安息。同样，在未来生活中基督徒完美之本质不能被描绘为在活动中的提升。人类最高的完美可以描绘为安息在凝思神以及神的自我之中。因此，活动不会是基督教精神的产物。活动仅仅是获得这种安息的手段，严格地说，活动仅仅是必要的恶。但是，这种观点确实不合乎较早提出的论点，我们将不得不认识如何解决这些差别。确实，在除了《启示录》之外的其他新约经文中，未来生活表现为没有活动存在，只有安息。已经达到完美的基督徒的处境就是我们所谓的幸福（Seligkeit）。就获得完全的满足感而论，就一个行动源自于需要来说，当没有需要的时候，也就不存在行动了。存在一种并不源自于需要的行动吗？人们必须将严格内在的行动和与外在对象联系在一起的行动区分开。第一个行动必须一直是当下的，否则生活自身也会消失。在第二种情况下，人们必须要问，人们不是凭借匮乏（deficiency），就是凭借什么手段发起行动，引发事物发生改变。人们还必须注意到，匮乏并不与快乐相对应。完美的快乐之中已有的微言大义就是，不仅在人类之中，而且在他们周围的一切之中，根本没有不完美存在。那么，行动的

---

⑱　犹太—基督教传统认为，耶和华 6 天中完成创世之工，于第 7 天安息。——译者

51

冲动就停止了。现在的问题是：在这种情况下，每个外部导向的行为是否都停止了？如果除了产生变化的东西之外就没有行为，那么我们就无话可说了。但是，存在一种导向外部的行为，它从根本上发生于内在的活动，源自于它，但是，没有考虑到结果应当是变化。我们在描述基督徒的绝对快乐上可以找到这其中的蛛丝马迹。在这些描述的每个地方，基督徒被认为是正在进行的共同体的一部分，因为圣经仅仅谈到他们的处境就是共同体的一部分。但是，纯粹的共同生存并不是一个共同体，这是因为交流，即生活中的交流，属于共同体。人类绝对没有哪个内在行为不同时就是外在行为，严格地说，外在行为仅仅是交流内在的东西。只有在这种条件下，一个共同体才会持续下去。完美的处境应当是生活的处境；因此，在完美之中必定有一种内在的活动。同时，它还应当是一个共同体。因此，它还必须存在活动的显现。我们认为这种行为，与其说完全依赖于不完美，毋宁说仅仅依赖于共同体生活。这引导我们对两种行为作出区分。一方面，当行为仅仅渴望表达内在生活（因此是仅仅"表达"的生活），行为明白无误地是指快乐，根本不关心结果。另一方面，行为大体上是有效的，如果它受到快乐（*Lust*）或痛苦（*Unlust*）的推动，它表现为反对不完美，或趋向于完美。

## 为快乐或痛苦修正的行动冲动

这两种行为形式如何与基督教伦理学联系起来？其中哪一个是它真正的主题？在此我们必须再次认为基督教伦理学离不开基督教会的当下处境。在这种情况下，我们不能仅仅以完美处境中的幸福为出发点。但是，难道我们在此绝对对此毫无作为吗？如果说基督教伦理学应当描绘的行为仅仅由不完美的处境所引起的话，那么只有有效行为才是它的内容。为了决定是否只有这种行为属于基督教伦理学，或自我表达行为是否也包括其中，我们必须一视同仁地回归到基督徒和教会真正根本的处境之中。如果我们希望从这里入手，那么，我们将一直不得不说：如果我们设想说基

52

督教会是世上的神的国度,那么我们必须提出当代有些东西与之对立,这是因为整个人类确实是统一的,但又尚未完全处在基督教会之中。有一部分人因此被忽略了。自然而然,会激起行动。让我们假设,我们前文所称的匮乏感进入这幅图景,我们要追问:我们应当怎么称呼我们在其中发现自己的处境,而同时我们实际上处在这种处境之中? 在这种情况下,我们必须认为它就是痛苦,就是对已被忽略之人的不快乐感。但是,痛苦就不是幸福。这种匮乏感推动我们去行动。但是,以我们心中修补这种匮乏的力量意识为根据,这一切才会发生。这种力量意识明显与痛苦对立,因此它是快乐意识,是精神内容上的快乐。这种快乐是幸福吗? 确切地说,我们必须要否定这一点;因为就力量意识仅仅在匮乏意识中形成来说,它尚不是纯粹从内在生活中产生出来的完美的满足感。这种快乐除了受到痛苦限制之外,它不可能被认识到,因此不可能是幸福的。出于这种原因,这种痛苦不可以界定为完全的不幸福,因为可能感知到痛苦就已经预设了某种完美。另外,快乐就其本身来说明显是我们必须要完全感知到的东西,但是并不一直完全一样,而是一会儿大、一会儿小一点的快乐。它具有不均匀的特征,有时多有时少,因此还不是幸福。幸福就其本身来说在本质上既不是快乐,也不是痛苦。在我们当下处境之中,除了这种快乐或痛苦之外还有什么呢?

## 基督里的喜悦以及与世界交通

相应地,我们必须认为还存在着第三种类型,它限制上述两种类型,并成为它们共同的基础。我们通过救赎而得到的东西就是与神交通,它在本质上是基督教普遍的表达形式,指的是神的意识不断地与我们自己的意识相伴,两者在和谐中同在。确实,当我们在任何一种特殊的时刻以这种联系来观察我们处境的时候,依据我们所认识到的和谐是得到强化还是受到削弱,我们就会感知到上述快乐或痛苦的特征。但是,如果我们剥离于特殊时刻中的特殊内容,如果就在我们的共同意识之中我们已经克服了我们与神的隔离来说,我们意识到我们自己,因此如果我们不是观察生活中发生的种种变化,那么,对于这种基本处境的意识,除了时间上的差异之外,明显就是幸福。因为我们意识到这种幸福借着基督的影响而形成,所以它就是在基督里面的幸福或在基督里面的喜悦。但是,在时间内容上,这种幸福有时候更多地作为快乐出现,有时候更多地作为痛苦出现。一方面,如果在基督教会中我们认为这种幸福是一般意义上的基本处境,与之同时,我们认为它与世界有联系,并与世界交通,那么产生快乐意识的是什么呢?自然而然,每种积极的力量意识激励人们探求在多大程度上可以超越对立,在世界上留下影响。另一方面,如果我们认为这一切就是痛苦,那么自然而然的结果是什么?非常明显,那种我们并不完全站在对立一边的意识就会出现,接着超越这种对立的渴望就会来临。每种情况都有它的根基,与其说这种根基存在于自在而自为的幸福之中,毋宁说存在于对对立面的修正之中。因此,一方面,我自己接触以我自己的力量能够激起的东西,另一方面,我接触那种凭借自身的力量来影响我的东西。

绝对没有行为是从自在而自为的幸福意识中产生出来吗?确实,这种行为就是以共同体生活为目标,就是以流传生活的表现形式及其交流为目标。

现在,问题是:在此我们有两种不同的行为,它们仅仅作为一对行为存在,在当下的基督教会处境中,它们使教会的活动筋疲力尽。如果从快乐或痛苦中产生出来的行为并不出现在教会之中,那么,它绝非与生活有关系,甚至不会理解生活共同体。现在,我们可以对主要问题作出判断。如果我们认为完美的基督教会寓居于绝对的安息之中——即精神平静(quietism),那么这必将首先包括完全抽离了基督教会与世界即争战的教会之间的关系。这可以从完美的基督徒中产生出来吗?在这种活动中回归基督原型形象之后,我们必须认为,如果基督也抽离于他与世界的关系,那么救赎就不会发生,我们在这种活动中所发现的就仅仅是与基督之间不相干的东西。在这种情况下,绝对的安息应当理解为排斥这种源自于内在生活、追求交流的行为。那么,精神平静就是分离主义的最完全的形式。但是,基督的意图是门徒们应当合一。

从这一点可以推论出,我们必须认为,这两种行为存在于基督教伦理学领域之中,但是确实两者并不一致。一个在本质上是永恒的,仅仅属于共同生活。但是,另外一个依赖于在历史生活中要去实现的任务,以至于这种任务以及这种行为在时间进程中不断地减少了,虽然只要还存在着现世生活的话,其中没有一个会减少到无。非常显明,从这一点还可以推论出,如果我们在当下的处境中不能将共同生活从人性中区分开,如果只要快乐和痛苦之间的对立在我们的意识中持续存在,行动的外在激励就是行动的基本特性,就不可能将基督教的虔敬和行动区分开,这种主张时常遭到误解和攻击。从上述还可以推论出,就我们已经找到两种不同类型的行为来说,我们已经指明我们整个表现上的分野。这种区别还是否会是最尖锐的,这绝非显而易见(*eo ipso*)。我们还必须研究这一点,但是,我们必须首先处理一个难题。

## 特殊表达式和普遍表达式的关系

如果现在人们必须承认,在基督教共同体中,不能认为生存和生活与从中而出的行为相互分离,那么,第二个问题就出现了:这种行为在一切属于基督教共同体的事情上如此相同,以至于描述这种行为能够蕴涵于普遍的表达式中?虽然这明显是危险的,我们已经承认,我们不能建立一个普遍的基督教伦理学而没有提供任何模糊和不满意的东西,承认必须将我们限制在新教伦理学之中。外在于新教教会的一切,因此在这里被忽略的一切,主要属于罗马天主教会。在宗教改革之前被混合于一起的东西在宗教改革中被分开,在宗教改革之前的许多事物有些与新教一致,有许多则符合罗马天主教。因此,基督教伦理学已经分裂了。罗马天主教会是与处理基督徒生活和新教其他方面相联系的一个事物。人们难道不可以进一步摆脱它吗？例如，如果我们思考超自然主义以及理性主义之间巨大的分野，那么我们就不会认为两者都建立了同样的伦理学。其中每一个的规定都具有不同的动机。因此，解释我们的伦理学要建立在哪一个之上就是必然的了。但是，人们会进一步认为：基督教伦理学还必须包括人类的生活和行为在其它关系中是如何受到决定的——这一定不可能完全弃置一边。在那里，整个外在的生活形式居于支配地位，有人会说：对于君主制度和共和制度，伦理学必须要有不同的形式，那么最重要的东西就是基督教共同体该如何与生活中的其他维度联系在一起。因此，伦理学对某个教会共同体来说就再次不尽相同，取决于它是否服从于国家，或者它是否是自由的，或者它是否让国家服从于它。如下问题最令人瞩目：一个人的道德行为是否与另外一个人的道德行为相同？难道不是不断有事例说一个人这样行为，而另外一个那样行为，两者都是正当的吗？确实，还有许多事例说明每个人要以同样的方式行为而不管他们之间存在的差异。但是，如果我们追问一个行为领域是如何与另外一个行为领域联系起来的，那么我们就不会说，每个人按照自身的方式行为的领域会完全消失。如果我们完全不承认这一点，那么，伦理学就变成了不可决定的东西了，这是因为人类生活中有很大的一部分并不允许以这样的方式来安排。我们应当在什么程度上在此同时找到自由的领地和安全的边界呢？人们不会否定这两者是真实的，除非人们还会否定人类是不尽相同的，确实，做到这一点是不可能的。因此，就基督教伦理学的普遍性（*Allgemeinheit*）来说，它是如何以这种观点为依据的呢？如果我们承认这一点[19]，那么人们认识到，仅仅因为这个人就是这样的一种人而非另外一种人，所以在所有具体的人类行为之中有些事物就是如此的。对此我们还可以有普遍的规定吗？不，因为以确定的表达式来限制独特的个性是一种矛盾。

---

[19] 指"每个人按照自身的方式行为"，即每个人的行为具有特殊性或个体性。——译者

那么,我们必须将基督教伦理学限定于什么样的边界之内呢?在人类行为中,在有些以个人独特的个性为根源的事情上,除了个体自身之外,就不可能有其他法官存在。从这种观点来看,个体仅仅是他自身的法官,但是绝非是他自己的教师——也就是说,一个人事先说,在这里我将根据我的个性而这样行为,而另外一个具有不同个性的人会按照另外一种方式行为,这种情况不会那么容易就有的。但是,那也是不可能的。在这种情况下,就不存在普遍的规定了;确实,仅仅从这一事实来看,每个人是他自己的法官。现在我们必须认为:在这种情况下,所能做的仅仅是将每个个体交给良知,这里的意思是说:做那些基督教伦理学教导的一切,但是以它们始终鼓动你的个体性为条件。但是,没有人还会认为,在所有方面,在与行为的关系上,这种独特性同样成立;确实,我们会设想这里存在一种相对的对立。例如,一方面,人们会认为自己能在与另外一个人签订的合同中履行某件事情,后者也受到合同内容的限制。确实,在这种情况下,独特性要素将降到最少。另一方面,人们会设想一个人应当选择他自己的职分。那么,我们必须承认,如果合同已经以确定的条款解决了这个问题,那么行为就是合乎合同的行为。但是,大凡这种情况不存在的地方,存在的仅仅是决定这种抉择的人的整个独特的个性。在此,独特性要素明显达到最大。如果我们关注对立,那么就可能存在完备的伦理学而言,无论我们在什么地方进一步分析我们理论中的特殊要点,我们必须正确地理解个体与已经得到普遍认可的一切之间的关系,除此还有什么可说的呢?人们所能做的仅仅是这一点。如果我们能主宰这种最糟糕的情况,在此普遍规则似乎消失了,那么,另外一种情况,在此关注基督教会分裂成为不同的等级,为我们造成的困难则小得多。但是,甚至在这里,这种方法必须要标明出来。

的确,我们将不得不挑选出那些基本上属于新教教会的东西。新教伦理学确实具有它自己的特色领域。在每个行动模式中,都将存在着某种以自身独特的个性为基础的事物。我们因此有意地将我们的伦理学限制于新教教会之中,但是我们一直既想比较这两者(新教和罗马天主教),又想将基督教伦理学奠基于基督教普遍伦理学之上。只有当我们通过描述行动而认识到我们自身不同于罗马天主教会,这种情况才会发生。

## "教义学上的"差别对于伦理学的意义

但是,基督教伦理学如何处理新教教会内部的对立呢?严格地说,新教教会的合一并不是外在的,以至于人们认为,一般而言,一切将自身与罗马天主教的宗教信纲区别开的人都是一致的。人们不会这么认为。这种不合可以在理论以及实践上找到。在教义神学中,这种差别已经部分地导致教会共同体的分化。因此,这里的问题是:那种触及到教义学上理论差异的分野也与伦理学有联系。如果我们现在认真研究在新教教会自身中的差异,那么我们会很容易认识到,在教义学和伦理学上的差异之间并不存在明显的联系。例如,如果我们观察新教中的改革宗和信义宗之间的差别,那么每个宗派都会认为,有关圣餐教理的主张都与伦理学没有关系。同样,这两个宗派都会认为明显与伦理学有联系的预定论上的差别是以误解为基础的。人们必定认为,根据改革宗的教理,因为一切事情都依赖于神的命令,所以〔对于伦理学来说,作为主题的〕行为必须消失;但是,如果我们从圣灵影响的立场来考虑这种问题,那么这种反对观点就会消失。尽管如此,上文所引真正异端中的巨大的教义上的差别与伦理学没有联系。例如,正如我们在上文所认识到的,人们会认为阿里乌派⑳具有幻影论派的倾向,这种派

---

⑳ 阿里乌派(Arians):古代基督教主要异端。4—6世纪出现。由非洲亚历山大的阿里乌(约250—336)倡导,故名。其思想根源于诺斯替主义或灵知主义,其目的在于根据自然原理定义基督与上帝的关系。该派反对"三位一体"教义;尤为反对基督的神性,主张基督是人,系由神所造,而非神所生,为神用于从无中创造世界的工具,故无永恒性,亦非神,而是具有可变性的受造物,其品级低于神,其区别于其他受造物在于他是神之直接创造物,而圣灵则低于圣子;神将神子的尊严赐予基督出于神的仁义;反对教会占有财富,尤其是占有大量 (转下页)

别对伦理学教导产生了有害的影响。但是,这种幻影论在阿里乌派中是无意识的。我们会认为,如果继续推论的话,阿里乌派的基督位格论必定导致幻影论。但是这种逻辑结果并不随之而来,所以,阿里乌派对伦理学并没有产生影响。同样,我们可以这么认为

---

(接上页)田产,遭到正统教会的仇视。约 320 年,该派在亚历山大主教会议上遭到谴责,但迅速传播。321 年阿里乌受到亚历山大主教会议的驱逐和绝罚。325 年君士坦丁出于帝国安全的考虑召开尼西亚公会议,在亚塔纳修(Athanasius)的领导下,该会确定大公教会圣父与圣子同样永恒和同样平等的信仰,"同质"(homoousios)这个术语用于表达其同质说。君士坦丁最初赞成尼西亚信仰,后发生动摇,召见尼科美迪(Nicomedia,今土耳其伊兹密尔)的优西比乌主教以及其他已被放逐的主教。337 年君士坦丁去世,东部新皇帝君士坦提乌斯(Constantius)公开支持该派,多次的东部公会议多少接受该派的学说。350 年,承认阿里乌派的君士坦提乌斯成为罗马帝国唯一的统治者。4 世纪中叶,该派后来分为三派:纯阿里乌派(Anomoeans),现代被称为"新阿里乌派",主张神与基督既异体,在本质上也完全相异,又称父子不同说派;半阿里乌派(Semi-Arians),主张神与基督不是同体,但是本质上相似(homoiousios),又称同质异体派;第三派相像派(Homoeans)否定同质同体、同质异体以及结合的观点,避免教理上的精确性,仅认为"根据《圣经》"圣子像圣父。第三派和第二派观点差异不大。357 年相像派在希尔米乌木公会议(Council of Sirmium)草拟信仰纲要。359 年塞留西亚(Seleucia)和阿里米奴莫(Ariminum)会议上,相像派分别被东西教会主教接受。阿里乌派取得重要的胜利,并威胁到加入基督教正统的半阿里乌派。361 年,君士坦提乌斯去世,阿里乌派失去主要的支持者。362 年亚塔纳修举行一次公会议反对阿里乌主义者。在西部阿里乌派影响甚微,但一度直接依据圣经形成等级从属说。在东罗马皇帝狄奥多西(Theodosius,379—395)和西罗马皇帝瓦伦廷二世(Valentinian II)的努力下,该派在罗马帝国受到镇压。381 年君士坦丁堡公会议上卡帕多西亚教父(Cappadocian Fathers)捍卫正统信仰,斥之为异端。该派被驱逐出罗马,但得到下层群众的拥护,在罗马帝国边境地区的哥特人和汪达尔人中得到广泛传布。496 年,法兰克人的国王克洛维改信正统信仰后,该派在条顿民族中日渐式微。哥特人和汪达尔人征服西罗马帝国大部分地区,并陆续转为大公基督教信徒后,该派逐渐消失。16 世纪,该派以改造过的形式出现在波兰,形成"一位论派"教会。该派使用的象征与其他教会相同,但是赋予新的意义,十字架被视为耶稣顺服以及地位次于神的的象征。可以在现在的一位论派教会以及耶和华见证会中找到该派的踪迹。

苏西尼派[21]，它并没有废除基督的榜样，主张完全的服从。在此，教义上的差别再次对道德产生外在的影响。但是，当我们转到理性主义和超自然主义之间对立的时候，事情就不同了；后者现在正当盛行，在新教教会中尤其如此。就基督教伦理学来说，许多神学家在他们的理论中完全符合超自然主义观点，已经让自己仅仅受到这一普遍倾向的侵袭，以至于在他们的伦理学和理性主义伦理学之间的差别微乎其微了。但是，当我们回到如下观点，即理性主义的本质特征所包括的倾向——也就是说，让基督教共同体中的特殊纽带松懈了——并不出现在超自然主义中，我们会认为，这种不同必然会在基督教伦理学中显现出来。因此，一旦人们明确地确立基督教伦理学的原则，将之建立在主宰教会的精神之本质特征之上，理性主义者的观点就必定从一开始就被排除了，这是因为在教会中的确存在着最高级的精神，这必定是非常当下自明的。在这一点上否定最高级精神的人支持理性主义者的观点，基督教的出现仅仅是进一步发展原始人类理性、使之更加有效的手段。但是，在这种情况下，基督教会对于伦理学的核心意义，以及因此基督教伦理学的独特特征就被清除了。因此，人们必须从如下前提出发，即认为所有的教义学上的差别与伦理学有着同等程度的关系，这是不可能的。只有在教义基础类似的情况下，才一直会有伦理学上的一致。在新教和罗马天主教会之间必将一直会存在着分野；伦理学必将超越理性主义和超自然主义。

---

㉑　苏西尼派(Socinianists)，基督教新教派别。一译"索辛努派""索西奴派"或"索齐尼派"。16 世纪，由意大利宗教改革家莱利奥·苏西尼创立，故名。其侄福斯特·苏西尼于 1579 年在波兰组织神体一位论团体"波兰弟兄会"，并由此传至匈牙利的德兰斯瓦尔亚公国；1600 年，他在波兰拉寇城开办大学，宣传其主张，并举办年会。1605 年，该派出版基本教义《拉寇教理问答》，将该派正式定名为"神体一位论派"，反对者则称其为"苏西尼派"。1658 年，因受到耶稣会的迫害，部分信徒逃往匈牙利、荷兰和英国，亦遭到镇压，后遂转入秘密活动。当代的神体一位论和新派(自由派)神学即出自该派。

## 虔敬与实际的政治—社会关系的联姻

就新教教会自身内部进一步分化来说,我们的确可以说,只要精神恩赐尚不存在差别的话,整个教会共同体的分裂必将不是由正受到争论的个别教义上的观点所引起的。在这种情况下,这种精神必定已经影响了伦理学,这种影响必定在此得到发展,这都是自然而然的事情了。这里的关键点是:我们不可否认的是,在瑞士、英国以及其他地区的神学家们的首次会谈中,特别是在马堡会谈㉒中,两个团体似乎彼此感到陌生,并将此归因于不同的精神;但是,尽管如此,若仔细地研究这一情况,它导致宗教改革家们与政府和世俗权力坚持不同的关系,接着导致不同的品格,宗教改革家们也将之归因于公民活动。因此,这仅仅由政教关系产生出的差异,而不是虔敬本身上的不同。基督徒的虔敬必须在所有联系中表达自己适合于各种关系。但是,如上所说,多样的关系是个别的实体,因为它们都不尽相同,因此我们认为个别的实体在一般意义上如同每个个体。认为某种更加深刻的教义上的原因必然是分化的契机,这是错误的,这是因为,在那个时候,仅仅关乎的是圣礼上的教理,它以前作为教会共同体的黏合剂出现过,居于主导地位。因此,一方面,因为教义上的差别就是这样,以至于它

㉒ 马堡会谈(Marburg Colloquy):1529 年德国与瑞士基督教新教神学家就圣餐仪式在马堡举行的一次辩论会。1529 年,对法战争结束后,神圣罗马帝国议会在斯邦耶召开,禁止信义宗进一步发展,并实际下令恢复罗马主教的权力。在这种困难形势下,黑森的菲里普试图通过德国和瑞士的福音派势力,组织一个防御联盟,但两派教义上的分歧是最大的障碍,菲里普希望通过一次会议解决分歧。1529 年 10 月 1 日,在菲里普位于马堡的城堡里,以路德和梅兰希顿为代表的信义宗与以茨温利和奥科兰帕迪乌斯为代表的改革宗举行会晤,两派一些次要的领导人也参加会谈。以后几天,马堡会议正式举行,基督的宝体是否真正临在于圣餐中成为真正的分歧点。最后,在菲里普的说服下,双方拟订出十五条信条,前十四条双方意见一致,第十五条关于圣餐的,也只对基督临在的性质有分歧,其余一致。在签署马堡信条后,双方都满意而归。——译者

们与基督教伦理学没有关系,另一方面,理性主义和超自然主义出现在两个教会共同体中,因此,非常明显,一个必定要被隐藏到另外一个的后面。

## 扩展和进步

就基督教伦理学的普遍性来说,还有一件事情要思考。我们已经承认基督教可以理解为一种历史实体,它经历不同的发展时期,承认伦理学体系仅仅对一个特定的时代才有效。在将我们置身于边界之后,我们现在要问:新时代开始了,这是如何发生的?非常明显,它不是源自于外部,而是由内而外、由个体的活动所形成的,尽管如此,这些个体属于他们的时代,既在其中成长起来,又受到它的塑造。但是,他们是新事物经过他们得以形成的人。个体这样的活动会成为不道德的事物,而下一个时期的道德会从中形成出来吗?在政治历史上,人们倾向于赞同这种观点。人们通常会说,只有通过革命,历史转型才有可能,认为这些革命是不道德的。我们必须要否定这种观点;甚至在现在的道德已经从革命的道德之中发展出来的时候,革命者,更加确切地说,是一个不道德的人,没有他,道德将会以和平的方式发展。在教会领域之中,我们不能接受这种观点,因为教会中的每次发展预示着神的圣灵做了最有效的工作。只有当行动仅仅继续维护以前出现的一切,它们才是不道德的。在这种情况下,我们应当认为,最伟大的效果源自于圣灵在其中得到表现的处境。在此还有表里不一的存在,我们至今尚未给予密切的关注。如果我们观察在和平时期的基督徒生活的发展,思考上述两种独特的行为种类,那么我们必定认为,个体的自我表述行为显明了教会整体实际所处的境况;严格地说,它就是整体的行为,在这个整体中,个体仅仅是一个行动者。当人们思考和平时期的时候,有效行为也是如此。不完美激发出这种行为,但是已经出现在教会中的完美,或者甚至连已经在那里存在的力量意识,再次会照亮这种行为。在这种意义上,这种行为不是源自于新事物,也不渴求新事物。但是,如果整体之中的改进是从个体的行动之中产生出来的,那么,这种行为大体上是个体的行为,它表达了他心中之所是,并应当显现出来。如果缺乏这样的人,那么就不存在历史发展。因此,我们应当认为他们超越了基督教伦理学了吗?我们上文已经论述过,基督教伦理学体系只有在这种和平的处境之中才可以具体化,因为在造反的时代,不可能有新伦理学形成。但是,从这种观点并不能够推论出,在这种处境之中的每个人可以以普遍原则来检验他的行为,也不可以推论出,这些行为不属于基督教伦理学的一个部分。基督教伦理学是这类行为的标准,但是,这并不会损害它的普遍性。在伦理学的每个部分之中,我们必定离不开这种差异。

我们在此必须回到基督徒意识,它是基督徒行动的永久基础。无论什么时候,个体作为一个显示整体的人,作为整体的一个有效器官行动,他的意识在总体上与整体的意识一致,他以整体的名义行动,那么他的处境就是活生生、有效的共同体情感的处境。但是,如果应当达到普遍生活和思想的事物会在个体心中激发出来,那么,他必须认识到他自身和整体之间的差异。因此,在这种情况下,他的意识纯粹属于个人,并且与整体意识对立。整体之中的每次进步仅仅从后一种类型的行动之中产生出来;从前一种类型中产生出来的仅仅是扩散,但是确实不算是整体上的实际进步。因此,我们还必须考虑这一点。在此我们再次发现我们自己处在罗马天主教会和新教教会在理论和实践上的差异之中。因为在罗马天主教会中道德完全依赖于服从教会,严格地说,它没有为进步行为留有空间,它所允许的仅仅是从官方代表中产生出来的进步。确实,这不是我们所说的进步。我们并没有在神职人员和平信徒之间确立这种特殊的差别,而这种差别是罗马天主教会追求进步的惟一形式。如果人们作出进一步的观察,那么这种进步的全部意义将会显明出来。

## 辨别整体以及对立的观点

通常，在教会中的许多领域里，而非其他地方，可以获得某种事物。尽管如此，当它在教会中发展的时候，它一开始是新事物。因此，人们置身其中为了赋予新事物以有效性而反对整体的处境不是极少出现的。尽管如此，如果提及修正理论观点，如果这种修正源自于个体，那么这种修正就总是一个道德上的行动，属于同一种类，这是因为从个体的观点出发，他反对直到目前在他的圈子中尚为有效的事物。这种修正一直会发生，确实对此需要有所规定。但是，重要的事情不是某个人渴望建立的事物是否真正更好一点。因为受到这种压力的人必须采取行动，而无论行动是正当还是错误的。部分地说，在此我们会一般性地谈论这个行动，认为：它是一种双重关系，我们必须视之为普遍的；一方面，每个个体具有行动，在行动中他完全与整体一致。也就是说，如果一个人建立的原则已经发挥作用，那么每个人在自身之中或在他人之中做出的大量改进就属于这一种。但是，另一方面，我们必须认为每个人进入将他置身其中的处境之中，反对对整体有效的一切，这也是普遍可能的。对于这两种处境来说，我们必须要有所规定。这就是新教教会的独特之处。因此，罗马天主教会谴责说，在此分裂的基础在本质上已经确立了。它说：在我们的教会中，个体所有的原则就是服从教会。这一点否定个体反对整体。人们想要说，在这种教会之中不会有进步可言，因为通过教宗无谬论，它宣布一切都已经完美了。在真正的转型情况下，受到圣灵指引的教会引起这种转型。非常明显，在我们这一边有自由生活，它明显地不存在于罗马天主教会之中，但是，尽管如此，它不是任意形成的。这仅仅是每个个体心中的原始原则的直接结果。另一方面，罗马天主教会认为，如果要建立某种事物，那么通过教会中的圣灵它就会出现。如果我们说，在一个个体感知并建立相对对立的处境之中，他应当根据圣经中的规定来行动，那么他的行动就是完全合乎圣灵的。因为圣经经文适合他,所以他被它们主宰;如果我们观察在教会代表性事件中它一直如何发生的,那么我们会发现各种结果仅仅源自于对立的结果。尽管如此,因此,神的圣灵不能以这种方式在此人身上工作,又以另外一种方式在彼人身上工作。人们越是想固定圣灵在个体中的活动,这种做法是一种幻象也就越加明显。

## 消除关于伦理学原则和道德行为能力之争

现在我们已经达到关键点,在此我们可以从这些变异来决定我们方法上的整体秩序。

首先,我们必须认为在其他伦理学中包括如下两种事物:(1)道德的本质目标,以及(2)道德的本质能力。

第一个指的是,像在理性伦理学中一样,应当推演出伦理学原则。第二个则关注自由意志论。

如果一个人被告知,他应当以此方式或彼方式行动,他首先要确信他能以此方式行动。但是,人们能够且必须完全省去这些讨论。那就是说:我们认为基督教伦理学描述这些行动方式,它们已经在基督教会中从基督教原则的效果中发展出来。因为我们现在已经放弃了命令形式,我们不再有理由说"因此,你应当"等等的命令。继续以这种习惯行动的人会认为这是一种智取如下事实的诡计,即人类不会根据终极的道德动机来行动,人类放弃了命令形式。尽管如此,人们必须承认,基督教伦理学仅仅对于基督教会来说才是一种实在。如果有人要求说,我要在每个个别的事例中告诉他为什么以如此这般的方式行动的理由,那么他会被告知:宣告命令并不是这里的问题所在。在基督教会中,无论是谁都知道这一点。任何感受不到自己是教会之一的人走开了,动机根本不必提及。但是,当一个人首先受到感动而进入基督教会,确实,让他直面基督教伦理学是不正当的。那么,一个人可以接受什么为原则?幸福和理性就其本身以及在本质上并不是属于复杂的基督教伦理学的概念。任何参与到这当中的人已经从基督教伦理学转变到理性伦理学。但是，如果我们从真正的宗教领域开始，那么我们必须运用"最高本质"这一思想，一直认为与神和谐的人仅仅以这种方式或那种方式行动，或者认为这种方式或那种方式就是神的旨意。首先考虑到的是描述形式，它已经排除了广泛的动机。人们可以在基督教会中适当地建立动机，以至于有人想履行神的旨意？不。除了尚未在基督教会之中的人，没有人需要动机。因此，我们完全可以让度出这个动机。相反，我们以在每个情况下作为普遍的基督教原则进入意识的一般表达式制定普遍的根据。

第二个考虑到的是讨论道德能力。在此，一般而言，道德能力严重依赖于一个人的基督教观。一个十足地坚持基督教自然主义观点的人，和基督教伦理学所处的处境与建立理性伦理学的处境是同样的。但是，必然的结果是，从这种观点来看，当下还存在着一种趋势就是忽略基督教共同体。我们已经依其本身（eo ipso）排除了这种自然主义观点。还有各种各样不同的观点站在对立面，在它们那里对道德能力的研究是必不可少的。施莱尔马赫在此采取的是根本观点，似乎认为构成基督教伦理学基础的教义学命题是借着基督，通过他自身的证词以及从最早期至今的相应的基督徒们的证词，积极力量已经进入了基督教会。这种力量指的是神的圣灵，这就是道德能力，它同时在基督教会中发挥效力。如果我们以这一点为前提，还预设这种信仰若不接受这种本质上有效的观点，那么就不会持续下去，那么道德能力就已经具备，进一步的研究就不必要了。这种原则应当处理的问题是：我是否有能力？这种看法可能会遭到反对，但是，这会得到如下回答：由此来看，非常明显，在你心中这个原则尚极为虚弱。下一个问题——我如何强化它？——确实并不属于基督教伦理学。为了回答这个问题，即使我们正在离题，我们必须要说，在此除了通过原始冲动之道，别无他途。人独自不能够强化这种原则，因为那种力量存在于神的圣言之中。在个体之中必须有两种不同的事物：自主活动以及可塑的本性。因此，一个人必须对他说：你做任何事情都不可以改变那种原则。当你自己和它挣扎的时候，我不会进一步提供任何东西。当你有挣扎的时候，这就已经有进步的标记了。正如人们为了生活而必须坚持和本性交通一样，他们在活生生的共同体中，还有恩典同在；凡是出自神的圣言的，必会实现自我，那么，这种自主活动将在共同体中自在地成长。

确实，因此，当我们试图回答基督教伦理学中的这类问题的时候，我们仅仅损害的是基督教的事业。

## 争战教会和得胜教会之间的差别

现在重要的事情是(1)建立一个一般原则，它如此明确地表达出基督教共同体的本质，以至于这种表达形式依然出现在其他从中产生出来的原则之中，(2)我们确信我们已经确定了整个行为领域，并以此方式给行为分类。

我们的出发点是争战教会和得胜教会之间在教义上的差别。我们认为，在争战教会中有一种行为，它还出现在得胜教会之中，但是，在前者之中还有一种独特的行为，而在后者之中并不可以找到。我们已经做出如下区分：(1)第一种行为在快乐的形式下从基督徒意识中形成，直接追求快乐积极显现出来的主体，(2)另外一个行为从痛苦之中形成。前者就是表达和交流内在的内容，我们称之为"自我表达"行为。后者我们称之为"有效"行为，因为它想引起变革，克服争战教会和得胜教会之间的差别。

因此，这就是主要的分野。现在就建立一般原则来说，根据人们评估其价值的大小，还有一些话要说。施莱尔马赫完全追求概念形式，但是极少关注建立一般原则。在此，尤为特别的是，对于施莱尔马赫来说，组建整体是要旨之所在，但是，我们必须从此出发来认识概念形式。就一般来说，人们会想到许多变化多端的可能性。首先，它是一种双重实在，在两者之中，人们秉持不偏不倚的态度。

## 基督教伦理学的两个焦点

在阐述上述内容之后,一切依赖于两个教义上的理论,对于这一事实,我们没有必要谈论许多。这两个理论就是基督论和圣灵论。前者的确是一个焦点,因为基督教伦理学应当描画由基督修复的生活,这种生活应当显现出信徒的生活与基督合一。圣灵论以同样的方式成为另外一个焦点,因为圣灵是基督徒生活从中兴起的力量。但是,两个焦点中是否有一个要突出地用来建构这种或另外一种形式,这不是我们关注的事情。因为若无其中的一方,两者都不可能为人所认识,一方寓于另外一方之中,并相互依存,所以对于施莱尔马赫来说,两者的合一也并不重要。如果有人想选择一个能明确地联合两者的原则,那么这不过指的是明确地建立已经在彼此之中存在的纽带。例如,如果有人认为基督教伦理学应当描绘所有效仿基督行为的人类行为,那么,这是从其中一个观点出发表达的原则。如果有人喜欢命令形式,一般原则表达如下:行动吧,但是你的行为一直要效仿基督的行为。没有人会说,有什么东西正在丢失。这是因为,这已经意味着只有通过基督的圣灵这种行为才会发生。另外,如果有人认为,基督教伦理学应当描绘每种行为,它们源自于圣灵在人类灵魂中的中介工作,这也是一个一般原则,其结果和上述是一样的。在此命令形式是:首先,要这样行动,你要允许自己仅仅为神的圣灵所主宰。这种原则完全建立在前一个之上。如果有人追求外在于这两者的焦点,那么,非常明显,某种完全不同的东西会在这里形成,而纯粹的基督教伦理学领域完全不会将之包括在内。相应地,我们必须一视同仁地认为这些原则是我们将所有其他一切还原于此的原则。

## 新教教会和罗马天主教会的对立

但是,如果我们已经承认另外一种要求具有一定的有效性,并将之确定下来——也就是说,承认基督教伦理学应当仅仅表达新教基督徒的生活风格——那么,人们可能会说,这些原则在任何情况下都普遍地属于基督徒。因此,我们不应当期望这些原则会排斥为新教所独有的东西。确实,这是一种雅致的观点,但是,我们会公平地主张这种观点吗?无论是谁,若完全确信我们完全认识到新教教会和罗马天主教会之间的对立,那么,他们会公正地主张新教的独特形式必定已经普遍地清楚明白。但是,施莱尔马赫并不斗胆主张这种观点,因为在教义学和道德上,还存在许多新教教会尚未明确地从罗马天主教会中区别开的地方。是的,人们会确定,在我们这里,在教会生活中还有许多地方隐藏着与真正的新教原则相矛盾的东西,它一度会出现,接着会消失。但是,目前,这一点尚不为人所承认。如果有人想主张这种对立已经得到充分的发展,那么,人们必定要么认为这个教会已经彼此完全分开,以至于各具特色的一方以和平的方式认识对方,要么认为两者之间和平共处是不可能的,一方必定会追求将另外一方吸纳到自己里面。就第一种假设来说,非常明显,这种和平并不存在,因此,非常明确,上述的事务状态尚未完全实现。就第二种假设来说,我们不会主张这种斗争是绝对的。两个教会就互惠关系尚未达成一致。因此,其处境并非如前所说的那样。因此,我们不能保证我们会修正基督教伦理学中的一般原则,以至于它对于每种新教伦理学都适当。以这种一般原则为出发点,我们要么确定运用这种原则仅限于新教教会之中,要么如果我们不这样去做,那么我们是否会遇到新教徒就相当偶然了。现在,再一次,第一种假设不适合于我们的目的;因为以这种方式,理论表现就较不严格了。因此,非常明显,我们必须坚持第二种假设。有关其目的,我们已经具备指导了。

## 积极道德和消极道德

在罗马天主教会中,对于每个个体来说,惟一有效的规则就是服从教会,将上述一般原则运用于罗马天主教会中就不同了。这就是说：为了知道什么是效法基督，你必须坚持罗马天主教会的声明。在这种情况下，这种指示（directive）是完全外在的东西。人们会追求将教会的规定置于描述性的礼拜指示之下。现在的问题是：我们能将某种积极的要素置于其上吗？我们已经认为：每个新教教徒在他的生活中绝对不会谈到教会的命令，而是会提到对于他来说以圣经为基础的东西，明确地说，就是神的旨意。因此，就个别行动的品格来说，我们确信，如果我们使每个人求助于个人的良知，而良知由圣经塑造，那么，我们将要提出的是纯粹合乎新教的观点。我们一直可以用两种方式来理解新教教会以及罗马天主教会，由此形成了两种不同的道德，一个更加消极，而一个更加积极。罗马天主教原则可以阐述如下：无论什么时候你打算做某件事情，你首先要问在这种联系中教会的命令是什么？源自于新教教会的原则可以阐述如下：如果首先没有咨询你由圣经所塑造的良知，就不要采取行动。施莱尔马赫称这两种原则都是消极道德，人们不能就此止步。如果这里不提及行为动机的来源，如果人们必须假定人类尚未达到完美，那么确实，那种与神的旨意对立的行动冲动还会出现。如果一个人在行动之前追问他的良知，那么他将不允许自己做那件事情。但是，这并不能够推论出，如果神的圣灵强烈地出现他的心中，他必将采取那些由神的圣灵所产生的行为。因此，指示仅仅源自于外部，因此与罗马天主教的立场类似，这里的要点是，一个主张禁止行为，一个主张命令行为。但是，新教原则还可以这样来理解：我们认为神的圣灵实际上主宰人，我们描述所有如果神的圣灵赐予冲动在生活中就可以产生的行为。因此，这种描述并没有受到不同事物的决定。

如果我们坚持这种观点，将之作为结论，那么我们必须确信要包括一切以神的圣灵为中介所形成的行动类型。以这种方式，指示对于我们来说就不是外在的事物。确实，当我们想象每个个体以全部生命服从教会以及作为其结果的行动并受之驱动的时候，在罗马天主教会中也可以认识到这种积极道德。在这种情况下，已经确立的原则在本质上就是有效力量。但是，因为这种原则仅仅是服从,所以它毕竟必须从外部获得它的质料。

## 教会论对于组建伦理学的意义

因此,就我们的基督教伦理学来说,除了在基督教教会论中,我们在其他任何地方都不可能找到它的基础。如果我们返回到基督教伦理学尚未从神学中分离出来的处境之中,那么,基督教神学中的个别命题在任何适当的地方都表现为推论。但是,让我们思考如下的观点:就这种处境来说,基本思想是出于自身的要求而非外在的原因组建基督教伦理学;如果我们问自己在教义学中有什么地方让我们有机会这样做,没有人会否认它就是基督教会论。正如我们已经说过的:一方面,基督教会是争战教会,也就是说,教会处在与世界的对立之中;另一方面,它又是得胜教会,也就是说,教会纯粹显明的是人与神的交通。这两种教会不纯粹是两种不同的处境,而是两种已经出现在当下处境中的不同关系。另外,基督徒的行为自身必定依据这两种主要的关系而变化,有效行为和自我表达行为的分类就源自于此。因此,在这种作为根源、合乎新教教会的原则的帮助之下,我们必须进一步在这两种行为领域中的每一个之中探求一般原则上的指导。行为部分地显明自身是交流、表达它所拥有的激励,部分地根据基督徒意识是否包含快乐或痛苦,显明自己是占有或排斥行为。甚至在已经臻至完美的教会中,我们必须肯定前者,仅仅在争战教会中我们必须肯定后者。

一方面,我们所做的划分明显是一种二元划分;但是,另一方面,我们可以认为这种划分是三元划分。当我们思考如下观点的时候,明显的模糊就消融了:从形式来看,二元划分在教会论以及在原始意识中的本质差别上明显占据主导地位。在教会论中,二元划分完全确定地表达了自身;但是,在还原到原始意识中的本质差异上,在形式上,这种二元划分还于此存在,因为快乐和痛苦之间的对立居于从属地位,如果人们回想起最大的差异——也就是说,最高意识应当是自在而自为的,但是作为一种最高意识,它还是不断地受到修正。因此,在基督教伦理学的研究对象中,我们还是要区分出两种事物:自我表达行为和有效行为,后者指向外在的目标。在有效行为之下,我们可以提出在以基督徒快乐意识为基础的行为和以基督徒痛苦意识为基础的行为之间作出区分,并仅仅将它们作为副标题。

当我们研究真实世界的时候,事情则以另外一种方式出现,三元划分则最为有用。在真实世界中,人们乐意于并更喜欢认为万事在量上尽可能等同,以此来看,他们可能会在这里发现自我表达行为并不与有效行为等量。但是,如果有效行为中的一个主要部分接近等量的话,我们就感到满意了。因此,在实际进程中,我们可以一直视有效行为中的主要两个部分为同一个行为。

## 基督徒生活优先于基督教伦理学

当我们认识到这种分类和原则与个体行动之间关系的时候,还有更多意义更为重大的问题要引起关注。严格地说,个体不连续的行动与我们不相关。基督教伦理学应当仅仅完全、有序地关注那些属于基督徒生活的事物。确实,人们甚至会在理性伦理学中发现,伦理学应当带来道德行为。这成为一种共识。但是,这种看法是完全错误的。确实,非常明显,像这样的伦理教导,即复杂的道德行为原则,一般而言,不会带来道德行为,这是因为道德行为总是先于伦理学而存在。伦理学也从来不是一个整体,而是一件在概念上严格,因此仅仅属于整体中一个小部分和小团体财产的事物。但是,基督徒生活应当在总体上表现出来。因此,在支持共识即伦理学应当带来道德行为上,我们会再次与罗马天主教会抱有同样的观点;在罗马天主教会中,因为神职人员的规定必须源自于伦理学,所以伦理学先在于平信徒的道德生活。尽管如此,甚至在那里,因为人们仅仅出自于服从教会而行动,而非因为伦理学愿意采取行动,所以行为自身也独立于伦理学。因此,人们从来不会同意在伦理学和道德之间存在着直接的关系。当某事受到争论,个体的道德在此时或彼时不能确定自身的时候,他在生活中才开始使用伦理学;或者,要更晚,如果个体的行动已经完成,伦理学可以用来检验这种行为。但是,人们在更广泛的意义上使用短语"已经完成"。当"目的"这一观念已经在特殊处境中固定下来,而且当行为从中而出的决心还在场的时候,在此我们称行为"完成了"。只有在这里,人们才能检验行为。但是,将行为中的因素从伦理学中抽离出来也是违背逻辑的。那么,人们必须接受两种道德的人:(1)在伦理学存在之前具有道德的人,或不知伦理学为何物的人,(2)具有教导的人,在我们的领域中这种教导再次属于罗马天主教。

## 义务中的概念冲突和时间冲突

但是,现在,还存在着另外一个问题。有人认为,如果万事顺遂的话,人们可能自己安排形成道德行为,而无需伦理学;但是,如果各种义务发生冲突,那么人们若无伦理学就不能生存。因此,伦理学的天职就是解决各种义务中的冲突。最重要的事情是:"各种义务中的冲突"的恰当含义是什么? 问题十分简单:我们认为,就是我遇到我应当既要做这事,又要做那事。但是,因为我具有做这事的意识,所以我还同时具有我应当可能做其他一件事情的意识。当这两种意识彼此冲突的时候,那么我们就具有各种义务上的冲突。但是,这里的关键是:这两种我提到的原则是否在概念上,或仅仅在时间上自相矛盾。

如果实际上的义务在概念上彼此冲突,那么就既不会有道德,也不会有伦理学了。例如,人们认为有抵抗的义务,即使这种义务要求牺牲生命,或者可能的是,有行动的义务,它也要求牺牲生命;另一方面,还有自保的义务,这两种义务在意识之中从来不能同时出现;确实,人们必须要么忘记其中的一个,要么有意违反一个而行动。人们至少可以认为,在这里,不确定性弥漫在道德领域之中。一般而言,无论这种原则什么时候出现,都没有伦理界定,许多伦理学家已经决定,在某些情况下,所有的伦理学不再发挥作用。一旦我们接受这种观点,认为道德概念并不包括整个生活,那么道德就以这种方式被超越了。要么万事在概念上都合乎道德,要么无一物合乎道德。只有在不存在意志活动的地方,才不需要道德。

人们不得不仅仅在一般意义上的道德概念以及冲突概念之间作出抉择。但是,冲突应当已经以伦理学为预设前提,这就提出一个难题。冲突不应当存在于理论之中;换言之,在处于这样一种相互联系的原则之中,人们必定一直是错误的,否则的话,道德生活本身就是自相矛盾的。

如果在理论之外我们观察一个陷入这种冲突的人,他对做这种事情或那种事情并没有明确的意识。因此,在决定原则上,我们必须以这种方式行事,即根本没有冲突进入。至于如何完成这件事,在此留下不作决定。如果同意的话,那么真正的义务冲突并不出现在概念之中;确实所有的形式已经确立,以至于没有矛盾可言。许多事情彼处碰撞,并不是出自于概念,而是与时间相关。因此,第二个冲突类型就出现了。这种冲突正如前一种冲突一样无效吗?确实如此,但是其中的理由则完全不同。这种冲突必定是永久性的,因为在一个时间中,我们仅仅能做一件事情,但是每个时间包括整体的道德。以此方式,如果这种冲突不被消除的话,那么,在伦理实践上就从来不会有好的良知了;但是,以另外一个理由来看,它也不是有效的。那么,这种冲突是如何与我们仅仅关注理论的任务联系在一起的呢?这种冲突决不影响我们的任务(例如公正和仁慈)。在其他事物中,首先要关注的是还债。因此,一个人在变得仁慈之前应当要还他的债吗?不。但是,这种冲突绝对不影响这种理论。这里主要的差别——也就是说,在概念上两种义务之间的矛盾以及各种与时间联系在一起的义务上的冲突——必须明确地维持下来。我们甚至拥有已经确立的各种原则。

因此我们必须一直检验我们的原则,看看它们是否还正确。那么,如果纯粹的预设能让我们满足,它也是正确的;因为我们指出,在我们确定为复杂的基督徒生活的事物之中,没有义务上的冲突是当下的,所以我们能非常确定地接受责任。

## 在自我表达行为中有有效行为,反之亦然

当我们完成分类,指出它不允许为这类矛盾留下机会的时候,那么,我们必将是确信的。问题是:在与这类矛盾的关系之中,我们的主要行为种类是如何彼此联系在一起,为什么我们必须认为我们的分类毫无遗漏?就第一个类型来说,情况是这样的:我们必须认为,每个特殊行为将归入合在一起的我们所有的主要划分部分,而且只有出于最大的理由(*a potiori*)它才单独归入其中的一个。当我们认为我们的分类可以一分为二,我们认为每种自我表达行为必将同时就是一个有效行为,反之亦然。我们已经表达的一切都涵盖于此。因此,它仅仅依赖于辩护这些命题,依赖于建立与再细分的部分相联系的类似命题。如果我们再次回到分类所赖以建立的基础之上,那么每个有效行为就是那种通过它已经在个体之中发挥效力的基督教原则,实际上已将赐予他的一切中的有些事物作为质料分有的行为。换言之,如果我们回到最初呈现的基督徒生活,同时认真地思考它的目标——得胜教会,我们已经将所有的有效行为从中排除出去——那么,我们将必须认为整个人类本性应当完全被基督教原则所渗透,那么,任何外在的结果不会从中产生出来。在这种意义上,所有行为归属于有效行为的副标题之下。如果我们视之为基本解释,那么我们会不得不承认每个有效行为同时就是一个自我表达的行为。这是因为,这种行为是一种指向外部的活动,所以它将如下事实包含在自身之中,即积极原则在外部出现,进入到另外一个行为之中,引起某种结果。因此,它一直首先是一个自我表达行为,接着才是一个有效行为。但是,自我表达仅仅是有效的一个手段。反之,自我表达的生活也是有效的生活。对于在争战教会领域中的自我表达行为来说,情况也是如此;在此目标还尚待实现。自我表达行为依赖于此:人类生活

一直是在共同体中的生活,这种共同体的意识也属于人类的意识。因此,我们还在根本上归功于得胜教会,它在自身内部坚持人类本性与基督教原则的完全合一,坚持这样的自我表达行为。因此,因为生活共同体关注交流,每种这样的生活运动向外部伸出。但是,让我们在争战教会中确定这种自我表达的生活风格,在此神的原则和人性的合一在任何特定的教友中并没有完全实现。如果我们将两者合到一起,自我表达行为将是与自我表达联系在一起的有效行为,因为个体内在的虔诚(godliness)仅仅通过他的心理和肉体上的有机体而成为外在的东西。因此,一个活动在个体中形成。但是,如果重复能使每种行为模式变得更加容易,这是人性中的根本要素,那么,由此而来的是,心理和肉体上的有机体都接受并传递神的圣灵的冲动。神的原则的影响是有效的,因此,自我表达行为自发地转变成为有效行为,这一事实就存在于此道理之中。如果我们研究接受者,因为他对他人的领悟传递了这种运动,事情会同样如此发生;因为在这种活动之中传播和领悟都被认为是同一的,所以这种活动得到加强。每个自我表达行为有最大理由的同时(*a potiori per accidens*)就是一个有效行为,因此,这两种相互依赖、彼此互补的行为要彼此矛盾是不可能的。

## 从属的二元划分:播散行为和矫正行为

现在我们将检验从属的二元划分。我们已经将有效行为划分为两种:一个是从作为力量意识的基督徒意识中形成的,另外一个是从作为痛苦的基督徒意识中形成的。现在我们认为:力量意识自然而然发生,为力量活动寻找主体。这种活动就是让主体与原则合一。也就是说,它是一种行为,一个尚未与原则合一的主体据此要与之合一,或者一个不完全的合一据此而更加接近完全。占据主宰的原则借助于这种行为而以积极的方式得到增长,我们将称之为"播散"(*verbreitend*)行为。

另一方面,当生活中的运动明显被包围,当某件事情与基督教原则发生冲突的时候，我们在痛苦中可以体验到基督徒的意识。因此，构成这种意识之基础的是假设积极矛盾在本质上存在于已经分有原则的事物以及尚未分有原则的事物之间的张力之中。那么，这里就是必须加以矫正的关系。它是原则以及应当属于它的元件之间的不和谐。如果我们称之为"矫正"（corrective）行为，那么这一名称反映出它的一般特征。

在此还有一种情况：前一类型行为（播散行为）同时就是后一行为（矫正行为）吗？如果我们在此基础之上研究下去，那么我们会遇到克服积极矛盾这一问题，只要活动借着神的圣灵在人性中发挥作用，这种情况就会重新发生。否则，就不会有组织了。在矫正行为中我们会找到我们可以在自我表达行为中发现的同样的特征。那么，因为重复强化矫正行为，所以它也是积极的有效行为。在认识到矛盾被部分地超越之后，善于接受的人类精神就不得不解决这种矛盾。因此，这种行为将显现为强烈的"扩展"（erweiternd）行为。如果我们思考积极的有效行为，那么我们必定认为：如果这种行为仅仅出现在争战教会之中，那么这种不完美必定真正时时处处存在。因此，它必定还出现在意识之中，只是出现的方式模糊。但是，矛盾必须同时被它所超越。

## 对源自于争战教会和得胜教会的<br>行为类型的分类毫无遗漏

因此，认为两个不同部分之间矛盾的思想是完全错误的。因此至于我们是否完全确信这种冲突并不会发生在基督徒生活中，这还仅仅依赖于我们全部的分类是否确立好。严格地说，这种分类只有通过自身的实现才能确立下来。超越于争战教会和得胜教会之外的第三种概念尚不存在。如果这种分类已经毫无遗漏，那么我们的任务就完成了。但是，我们还会证明人们不会认为某一种行为不是这里提到的属于基督徒的行为。这两个概念应当合到一处，因此，我们只能认为其中的这个或那个概念是正确的。我们不会认为在两者之间存在第三种关系。

　　因此，一般而言，我们摆脱了这种冲突，但是我们还是要避免它在原则之中出现。

## 冲突的解决之道

　　建立原则，个体据此能根据特殊的时间作出决定，这在什么程度上，以及如何属于基督教伦理学的任务？每个时间都包涵着一种冲突，完全健康的基督徒生活处处包含着确立和克服这种冲突。因此，如果我们希望在这里建立规则，那么，我们必须以如下根据为基础才能得到它，即从一个时间到下一个时间之间做出和平的改进，并去确立和解决冲突之间不断的摆动。严格地说，在每个时间，这个问题都会被提出来，但是，我们所关注的仅仅是在某个特定的时间中解决某个问题。在总体上推动神的国度的任务越是完全地在特殊的行动中吸引我的意识，那么，内在的和谐就越是接近完全的纯洁和透明。另一方面，道德任务中的所有部分应当同时向我们呈现，而我们在履行部分任务的同时抛弃另外一部分。因此，如下这种确信才是真正的要义：当我正在关注道德中的一个方面，其余的方面绝非受到它的影响。

　　如果我们实际上不得不在每个时刻履行所有的道德任务，那么，我们就不可能推进一项计划并使之得到贯彻。因此，现在这两个方面都不是正确的。全部的伦理任务仅仅在无限的时间中，因此仅仅在每个连续不断的时刻才可以得到解决。如果我们想象号召一个特殊的行动，我对这种行动感到满意，那么事情就解决了，我继续做下去。在这个过程中，在哪种处境之下我才是正确或错误的？当有人事后认为，你应当做这件事情，而非那件事情，我说：那件事情正确，但是，它并没有发生在我身上。那么，错误并不存在于行为之中，而是存在于如下事实之中，即在那个时候它并没有发生在我身上。如果每件降临到一个人身上的伦理领域的事情一直向他呈现出来，那么他最好对此提出抗议。那么，我会记住每件事情,但是我也有理由不去做这件事情。但是,我还确信,通过仅仅做这一件事情,我最接近于整个的伦理任务。特殊的道德决定与道德训练中的普遍决定之间完美的和谐就是排除所有的冲突。这种和谐越是确定,人们将越少对他实际所做的事情感到后悔。但是,自然而然,只有在人认识到他在道德世界中的整个位置的情况下,这种确定性才会存在。

如果这种和谐不是当下的,但是,履行某种行动的号召在我心中形成,我不确定不履行另外一种行动是否会更好,那么问题就出现了:我们如何避免所有的冲突? 其次,如果另外一个行动出现了,那么又该如何解决?

我们将考虑后一问题。当采取某种伦理行动的命令降临到我身上的时候,在伦理世界中还有人对我的活动提出要求。如果不同的命令来临了,那么,也会有不同的要求。不同的伦理个体作出不同的要求;因此,这些要求必定在几个理性的人中找到一席之地。我惟一能作出的决定是能让这些要求得到满足的决定。一般而言,这种决定取决于理性的裁决;在基督教看来,它取决于神的圣灵的冲动,这种冲动既存在于他们的心中,也存在于我的心中。

我们可以认为,我因为赞成另外一个人的要求,而抛弃了这一个人的要求,如果后者顺从基督教精神,那么像那个我通过实现他的要求使他的要求感到满意的人一样,他必定对那种被抛弃的要求感到满意。因此,冲突真正得到解决了。完全的义务和不完全的义务之间的差别可能不会在这里出现,至少它会时常导致错误的结论。确实,这预设了在那些相互竞争的人之中在实践和标准上存在着类似关系。在基督教伦理学领域中,当我们在弟兄般的爱的标题之下思考神的圣灵的时候,我们会认为这可以成为惟一一直同一的规则。但是,除此之外,就不存在一个可以让自己安置在这样地位上的标准,以至于圣灵变得更强大或更虚弱。因此,在那种情况下,确实,错误会出现。尽管如此,居住于相同的生活领域的人越是赞同要以掌握道德任务为参照,与在时间中要完成的事情相联系的冲突就越少会出现。整个解决之道取决于如下事实,即在我心中出现的冲动与在其他人心中的要求之间相互符合。

但是,还存在着某种行动并不以这种情况存在。例如,想象一下个体参与到多样的活动中,每个时刻仅仅能履行一个活动,在大多数情况下,这些活动与个体自己联系在一起。当一个人不确定在某个时刻应当采取哪种活动的时候,那么这种解决之道就不可以用了。例如,我们具有各种各样同时追求的研究。现在,假设一个人有自由的时间,问题就来临了:他对此应当做什么呢?这种情况越是时常发生,那么他就越是优柔寡断,我们必会认为:因为他不能容忍损失时间,他最敏捷地抓住时间,所以他是最优秀的人。因此,在内在的自我决定缺乏这种处境的地方,一般而言道德力量也匮乏,但是,通过一项规则来解决特殊情况下的冲动,就会一事无成。就大部分生活来说,就这种生活被规定好了来说,时间本身让我们免于这种冲突。人们认为,如果一个人以这种方式来塑造他全部的生活,那就最好不过了,从此以后冲突就不再有任何机会了。如果一个人如此组织他的时间,以至于他总是知道他必须做什么,那么优柔寡断,对他来说,这明显是一个最好的帮助,就此来说,这种看法是正确的。但是,一般而言,没有人想这么做。非常明显,如果一个人的整个任务向一个人呈现,但是并没有优柔寡断,那么我们认为:最正确的事情是预设,假如他全部的道德立场是正当的,与我们有同感的人会同意这种看法,那么,他会强烈地倾向于哪种,他会首先放弃哪种?因此,从根本上,我们转圈之后回到了同样的决定。如果我们现在回想一下我们先前所确立的东西,那么我们认识到同样的对立,必定存在着一个领域,每个人以自己的方式决定在这种处境或那种处境中工作,还存在另外一个领域;人们不顾多样的个体性,将问题追溯到一个一般的原则。但是,已经确立的规则体系中的差别是没有错误可言的。每个人不得不决定自己规则的处境在最大程度上是类似于后一种处境的,所有其他处境则类似于前者。

由此来看,我们可以充分地决定,在什么程度上,我们可以根据阻止或避免属于伦理学的义务冲突来制定规则。在此,我们不必触及个体的行动,但是有两件不同的事情要注意。首先,没有能力自己作出决定。这指的是道德上的匮乏,因此,还必须存在一个地方,在此,克服道德匮乏的东西作为积极的道德行动模式出现。其次,意识中的错误决定。当一般道德意识苏醒的时候,这种情况必将再次被超越;它也是一种道德匮乏,必须要么在有效行为的积极部分,要么在其中的消极部分中找到它突出的地位。在特殊的深思熟虑中,这种情况还会再次出现。

## 在认识到新旧生活矛盾中的道德起点

这里的问题依然是:哪一种分类处理的是我们道德中的特殊部分?我们想根据三元划分来理解行为的分类,当然,在二元分类中构成一个种类的两个部分不可以分裂开。为什么我们将有效行为或自我表达行为置先或置后?

这个问题的本质并不规定我们要以两种中哪一个为起点,因为在我们看来,两个部分都是纯粹相互协作的。彼此都是必不可少的。因此,我们必须在某种特殊原因的基础之上作出决定。让我们就我们严格地关注基督教伦理学的特殊领域提出如下问题:我们使用基督教伦理学以什么为起点?如果我们想以神学教学的方式严格地回答这种问题,那么我们必须认为,它以重生为起点。在此以哪一种行为为起点?三种都是。一旦我们认为重生是已经在某人心中实现的事实的时候,那么行动的力量也就存在于他的心中,这意味着行为的力量存在于所有三种方式之中。但是,如果我们问,严格意义上说,什么是首要的事物,我们既适合它,又能由此而认识到首要事物是必不可少的,那么,每种答案都将会有理由优先考虑其中的一种,而每个答案都是不尽相同的。如果我们现在认为,为了一个人显明基督教原则,在他的生活功能之中,必定已有这种原则,那么我们已经预设了一种活动,我们似乎预设了有效行为在时间上具有优先地位。

但是,如果我们追问首先什么是必不可少的,那么在一个人的旧生活和新生活即起点之间存在着主要冲突,这需要予以恰当的强调,通过有效行为,更加确切地说,通过矫正行为,这种冲突就会发生。因此,以这为起点似乎最好。

# 上海三联人文经典书库

## 已出书目

1. 《世界文化史》（上、下）　［美］林恩・桑戴克　著　陈廷璠　译
2. 《希腊帝国主义》　［美］威廉・弗格森　著　晏绍祥　译
3. 《古代埃及宗教》　［美］亨利・富兰克弗特　著　郭子林　李凤伟　译
4. 《进步的观念》　［英］约翰・伯瑞　著　范祥涛　译
5. 《文明的冲突：战争与欧洲国家体制的形成》　［美］维克多・李・伯克　著　王晋新　译
6. 《君士坦丁大帝时代》　［瑞士］雅各布・布克哈特　著　宋立宏　熊莹　卢彦名　译
7. 《语言与心智》　［俄］科列索夫　著　杨明天　译
8. 《修昔底德：神化与历史之间》　［英］弗朗西斯・康福德　著　孙艳萍　译
9. 《舍勒的心灵》　［美］曼弗雷德・弗林斯　著　张志平　张任之　译
10. 《诺斯替宗教：异乡神的信息与基督教的开端》　［美］汉斯・约纳斯　著　张新樟　译
11. 《来临中的上帝：基督教的终末论》　［德］于尔根・莫尔特曼　著　曾念粤　译
12. 《基督教神学原理》　［英］约翰・麦奎利　著　何光沪　译
13. 《亚洲问题及其对国际政治的影响》　［美］阿尔弗雷德・马汉　著　范祥涛　译
14. 《王权与神祇：作为自然与社会结合体的古代近东宗教研究》

（上、下）　［美］亨利・富兰克弗特　著　郭子林　李　岩　李凤伟　译

15.《大学的兴起》　［美］查尔斯・哈斯金斯　著　梅义征　译

16.《阅读纸草，书写历史》　［美］罗杰・巴格诺尔　著　宋立宏　郑　阳　译

17.《秘史》　［东罗马］普罗柯比　著　吴舒屏　吕丽蓉　译

18.《论神性》　［古罗马］西塞罗　著　石敏敏　译

19.《护教篇》　［古罗马］德尔图良　著　涂世华　译

20.《宇宙与创造主：创造神学引论》　［英］大卫・弗格森　著　刘光耀　译

21.《世界主义与民族国家》　［德］弗里德里希・梅尼克　著　孟钟捷　译

22.《古代世界的终结》　［法］菲迪南・罗特　著　王春侠　曹明玉　译

23.《近代欧洲的生活与劳作（从 15—18 世纪）》　［法］G.勒纳尔　G.乌勒西　著　杨　军　译

24.《十二世纪文艺复兴》　［美］查尔斯・哈斯金斯　著　张　澜　刘　疆　译

25.《五十年伤痕：美国的冷战历史观与世界》（上、下）　［美］德瑞克・李波厄特　著　郭学堂　潘忠岐　孙小林　译

26.《欧洲文明的曙光》　［英］戈登・柴尔德　著　陈　淳　陈洪波　译

27.《考古学导论》　［英］戈登・柴尔德　著　安志敏　安家瑗　译

28.《历史发生了什么》　［英］戈登・柴尔德　著　李宁利　译

29.《人类创造了自身》　［英］戈登・柴尔德　著　安家瑗　余敬东　译

30.《历史的重建：考古材料的阐释》　［英］戈登・柴尔德　著　方　辉　方堃杨　译

31.《中国与大战：寻求新的国家认同与国际化》　［美］徐国琦　著　马建标　译

32.《罗马帝国主义》　［美］腾尼・弗兰克　著　官秀华　译

33.《追寻人类的过去》 [美]路易斯·宾福德 著 陈胜前 译

34.《古代哲学史》 [德]文德尔班 著 詹文杰 译

35.《自由精神哲学》 [俄]尼古拉·别尔嘉耶夫 著 石衡潭 译

36.《波斯帝国史》 [美]A. T. 奥姆斯特德 著 李铁匠等 译

37.《战争的技艺》 [意]尼科洛·马基雅维里 著 崔树义 译 冯克利 校

38.《民族主义:走向现代的五条道路》 [美]里亚·格林菲尔德 著 王春华等 译 刘北成 校

39.《性格与文化:论东方与西方》 [美]欧文·白璧德 著 孙宜学 译

40.《骑士制度》 [英]埃德加·普雷斯蒂奇 编 林中泽 等译

41.《光荣属于希腊》 [英]J. C. 斯托巴特 著 史国荣 译

42.《伟大属于罗马》 [英]J. C. 斯托巴特 著 王三义 译

43.《图像学研究》 [美]欧文·潘诺夫斯基 著 戚印平 范景中 译

44.《霍布斯与共和主义自由》 [英]昆廷·斯金纳 著 管可秾 译

45.《爱之道与爱之力:道德转变的类型、因素与技术》 [美]皮蒂里姆·A. 索罗金 著 陈雪飞 译

46.《法国革命的思想起源》 [法]达尼埃尔·莫尔内 著 黄艳红 译

47.《穆罕默德和查理曼》 [比]亨利·皮朗 著 王晋新 译

48.《16世纪的不信教问题:拉伯雷的宗教》 [法]吕西安·费弗尔 著 赖国栋 译

49.《大地与人类演进:地理学视野下的史学引论》 [法]吕西安·费弗尔 著 高福进 等译 [即出]

50.《马丁·路德的时运》 [法]吕西安·费弗尔 著 王永环 肖华峰 译

51.《希腊化文明与犹太人》 [以]维克多·切利科夫 著 石敏敏 译

52.《古代东方的艺术与建筑》 [美]亨利·富兰克弗特 著 郝

海迪　袁指挥　译

53.《欧洲的宗教与虔诚：1215—1515》　[英]罗伯特·诺布尔·斯旺森　著　龙秀清　张日元　译

54.《中世纪的思维：思想情感发展史》　[美]亨利·奥斯本·泰勒　著　赵立行　周光发　译

55.《论成为人：神学人类学专论》　[美]雷·S.安德森著　叶　汀　译

56.《自律的发明：近代道德哲学史》　[美]J.B.施尼温德　著　张志平　译

57.《城市人：环境及其影响》　[美]爱德华·克鲁帕特著　陆伟芳　译

58.《历史与信仰：个人的探询》　[英]科林·布朗著　查常平　译

59.《以色列的先知及其历史地位》　[英]威廉·史密斯　著　孙增霖　译

60.《欧洲民族思想变迁：一部文化史》　[荷]叶普·列尔森普　著　周明圣　骆海辉　译

61.《有限性的悲剧：狄尔泰的生命释义学》　[荷]约斯·德·穆尔　著　吕和应　译

62.《希腊史》　[古希腊]色诺芬　著　徐松岩　译注

63.《罗马经济史》[美]腾尼·弗兰克　著　王桂玲　杨金龙　译

64.《修辞学与文学讲义》　[英]亚当·斯密　著　朱卫红　译

65.《从宗教到哲学：西方思想起源研究》　[英]康福德　著　曾琼　王涛　译

66.《中世纪的人们》[英]艾琳·帕瓦　著　苏圣捷　译

67.《世界戏剧史》[美]G.布罗凯特　J.希尔蒂　著　周靖波　译

68.《20世纪文化百科词典》　[俄]瓦季姆·鲁德涅夫　著　杨明天　陈瑞静　译

69.《英语文学与圣经传统大词典》　[美]戴维·莱尔·杰弗里（谢大卫）主编　刘光耀　章智源等　译

70.《刘松龄——旧耶稣会在京最后一位伟大的天文学家》　[美]斯坦尼斯拉夫·叶茨尼克　著　周萍萍　译

71.《地理学》 [古希腊]斯特拉博 著 李铁匠 译

72.《马丁·路德的时运》 [法]吕西安·费弗尔 著 王永环
肖华锋 译

73.《希腊化文明》 [英]威廉·塔恩 著 陈 恒 倪华强 李
月 译

74.《优西比乌:生平、作品及声誉》 [美]麦克吉佛特 著 林中
泽 龚伟英 译

75.《马可·波罗与世界的发现》 [英]约翰·拉纳 著 姬庆红 译

76.《犹太人与现代资本主义》 [德]维尔纳·桑巴特 著 艾仁
贵 译

77.《早期基督教与希腊教化》 [德]瓦纳尔·耶格尔 著 吴晓
群 译

78.《希腊艺术史》 [美]F·B·塔贝尔 著 殷亚平译

79.《比较文明研究的理论方法与个案》 [日]伊东俊太郎 梅棹
忠夫 江上波夫 著 周颂伦 李小白 吴 玲 译

80.《古典学术史:从公元前6世纪到中古末期》 [英]约翰·埃
德温·桑兹 著 赫海迪 译

81.《本笃会规评注》 [奥]米歇尔·普契卡 评注 杜海龙 译

82.《伯里克利:伟人考验下的雅典民主》 [法] 樊尚·阿祖莱
著 方颂华 译

83.《旧世界的相遇:近代之前的跨文化联系与交流》 [美] 杰
里·H.本特利 著 李大伟 陈冠堃 译 施诚 校

84.《词与物》 [奥]米歇尔·福柯 著 莫伟民译

85.《古希腊历史学家》 [英]约翰·伯里 著 张继华 译

86.《自我与历史的戏剧》 [美]莱因霍尔德·尼布尔 著 方 永 译

87.《马基雅维里与文艺复兴》 [意]费代里科·沙博 著 陈玉聃 译

88.《追寻事实:历史解释的艺术》 [美]詹姆士 W.戴维森 著
[美]马克 H.利特尔著 刘子奎 译

89.《法西斯主义大众心理学》 [奥]威尔海姆·赖希 著 张 峰 译

90.《视觉艺术的历史语法》 [奥]阿洛瓦·里格尔 著 刘景联 译

欢迎广大读者垂询,垂询电话:021-22895557

图书在版编目(CIP)数据

基督教伦理学导论/[德]弗里德里希·施莱尔马赫著;
刘平译.—上海:上海三联书店,2017.11
(上海三联人文经典书库)
ISBN 978-7-5426-6033-6

Ⅰ.①基… Ⅱ.①弗…②刘… Ⅲ.①《圣经》-基督教
伦理学 Ⅳ.①B971

中国版本图书馆 CIP 数据核字(2017)第 189926 号

# 基督教伦理学导论

著　　者 / [德]弗里德里希·施莱尔马赫

译　　者 / 刘　平

责任编辑 / 殷亚平

装帧设计 / 鲁继德

监　　制 / 姚　军

责任校对 / 张大伟

出版发行 / 上海三联书店

　　　　(201199)中国上海市都市路 4855 号 2 座 10 楼

邮购电话 / 021-22895557

印　　刷 / 常熟市人民印刷有限公司

版　　次 / 2017 年 11 月第 1 版

印　　次 / 2017 年 11 月第 1 次印刷

开　　本 / 640×960　1/16

字　　数 / 100 千字

印　　张 / 6

书　　号 / ISBN 978-7-5426-6033-6/B·537

定　　价 / 38.00 元

敬启读者,如发现本书有印装质量问题,请与印刷厂联系 0512-52601369